MOIRA CARSTAIRS 1147

KU-745-274

B.DUC

L'ART
DE LA
B.D.

Du scénario à la réalisation
graphique, tout sur la création
des bandes dessinées

Glénat

L'auteur et l'éditeur
remercient les dessinateurs, scénaristes
et maisons d'éditions citées pour leur
autorisation de reproduire les extraits
contenus dans cet ouvrage.

© 1982, Editions Glénat et B. Duc, pour les textes, tous droits réservés.
Le copyright des illustrations est mentionné sous chaque reproduction.

AVANT-PROPOS

Il y a, selon moi, deux façons de lire un roman ou une bande dessinée.

Premièrement, nous pouvons ne rien connaître de la « cuisine » qui préside à la création de toute œuvre écrite ou dessinée (pourquoi les mots ou les images sont-ils agencés de telle façon plutôt que d'une autre, etc) et nous comprendrons quand même très bien ce qu'a voulu dire l'auteur, nous tirerons peut-être beaucoup de satisfaction de notre lecture. Et cependant, cette façon de lire une œuvre en restant à sa surface ne nous donnera jamais tout le plaisir que nous étions en droit d'en attendre. Il y manque quelque chose...

En revanche, pour peu que nous sachions suffisamment reconnaître les moyens qu'a utilisés l'auteur pour s'exprimer, notre satisfaction de lire une bonne histoire se trouvera tout naturellement augmentée du plaisir d'apprécier *comment celle-ci nous est racontée.* En d'autres termes, nous pourrons apprécier *le style* de son auteur, sa façon bien à lui d'exprimer ses idées, de tourner ses « phrases » avec plus ou moins d'originalité. De superficielle qu'elle était, notre lecture peut devenir alors un vrai régal !

Faire découvrir aux futurs auteurs de bandes dessinées comme à ceux, plus nombreux, qui préfèrent les lire, tous les « trucs » qui font *le style* d'une histoire en images, lui donnent son rythme, sa coloration, son brillant ou son pittoresque, sa saveur, son piquant, tel est précisément le but que s'efforce d'atteindre le présent ouvrage.

Ainsi serons-nous conduits à regarder d'un œil nouveau, *plus ouvert*, c'est-à-dire tout simplement à mieux aimer, ce fascinant « cinéma » sur papier que représente à mes yeux la bande dessinée. Du moins est-ce là tout ce que je souhaite en entreprenant cet ouvrage...

DUC

LEXIQUE DES TERMES EN USAGE
DANS LA BANDE DESSINÉE

ANGLES DE VUE. Différents points de vue sous lesquels se présente chaque scène d'une bande dessinée.

AVANT-PLAN. Elément de décor ou personnage placé au premier plan d'une image, pour lui donner du relief et de la profondeur.

BANDE. (on dit aussi « *strip* »). Succession horizontale de plusieurs images. Une « bande » comprend entre une et six images environ. Une « planche » comprend trois à quatre bandes superposées.

BANDE DESSINÉE. (on dit aussi « série » dessinée). Histoire comique ou réaliste racontée en images.

B.D. Abréviation courante pour « bande dessinée ».

BANDE QUOTIDIENNE. Bande dessinée « à suivre », de caractère réaliste, paraissant dans un quotidien. (Voir aussi « stop-comic »).

« BLEU ». Argot de métier pour désigner l'épreuve sur laquelle sera effectuée la mise en couleur d'une planche par le dessinateur ou le coloriste.

BURLESQUE. Effet comique résultant d'une exagération très forte de la réalité.

CADRAGE. Disposition des décors et personnages dans les « cases » (voir aussi « composition »).

CADRE. C'est le pourtour d'une image, d'une « case », et par extension la surface.

CARTOONIST. Nom donné primitivement à un dessinateur de dessin animé. Le terme s'est étendu aux dessinateurs de bandes dessinées.

CASE. Surface d'une image délimitée par le « cadre ».

COLORISTE. Spécialiste assurant la mise en couleur définitive des « planches ».

COMIC-BOOK. Recueil de bandes dessinées populaires, de petit format (en moyenne 13/18 cm) publiant des histoires complètes pour adolescents ou adultes, à raison de deux à quatre histoires par recueil.

COMPOSITION. Mise en place des éléments constituant chaque dessin, dans un ordre qui n'est ni celui de la nature, ni celui du hasard. L'équilibre, le dynamisme, l'expressivité des dessins dépendent en grande partie de leur « composition ».

DÉCOUPAGE. Plan complet de l'histoire, scène par scène, image par image, établi par le « scénariste » à l'intention du dessinateur.

ENCRAGE. Etape de la réalisation d'une bande dessinée consistant à exécuter à l'encre de chine le dessin préalablement établi au crayon.

GAG. Effet comique produit par l'arrivée dans le cours d'une histoire, d'un événement totalement imprévu et inattendu.

HISTOIRE A GAG. Bande dessinée racontant une histoire comique complète en une demi ou une page.

HISTOIRE COMPLÈTE. Bande dessinée racontant une histoire comique ou réaliste, complète en quelques pages (de quatre à vingt pages selon les cas) publiées en une seule parution.

HISTOIRE A SUIVRE. C'est le long métrage de la bande dessinée, environ 32 à 56 pages, dont la publication s'étale sur plusieurs semaines, à raison de deux planches par semaine, en général. On dit aussi « série à suivre ».

LETTRAGE. Réalisation à l'encre de chine des textes et dialogues d'une bande dessinée. Ce travail est parfois assuré par un spécialiste : le « lettreur ».

ONOMATOPÉES. Mots dont le son imite celui de l'objet qu'il représente. Les « onomatopées » constituent le « bruitage » de la bande dessinée.

PHYLACTÈRES. Ou « bulles » ou « ballons ». Espaces dans lesquels sont inscrits les dialogues des personnages de bandes dessinées.

PLANCHE. C'est une page entière de bandes dessinées. Une « planche » comprend de deux à quatre « bandes » superposées.

PLANS. Ce sont les différentes façons de présenter le sujet, vu à des distances diverses (plan d'ensemble, moyen, gros plan, etc.) selon l'effet recherché.

SCENARIO. Déroulement écrit d'une histoire, en quelques pages. C'est à partir de celui-ci que le « scénariste » établit le « découpage » à l'intention du dessinateur.

SCENE. Suite d'images se présentant dans le même décor.

SEQUENCE. Suite d'images ou de scènes formant un ensemble, même si elles ne se présentent pas dans le même décor.

SÉRIE (DESSINÉE). Autre nom pour : bande dessinée.

STOP-COMIC. Histoire complète racontée en une seule bande de deux à quatre images, paraissant dans des quotidiens.

SYNOPSIS. Plan écrit très succinct d'une histoire à partir duquel on développera le « scénario ».

PREMIÈRE PARTIE

L'ART DE LA BANDE DESSINÉE

1. L'ART DE LA BANDE DESSINÉE

Il y a bien des façons de définir une bande dessinée... Celui-ci vous dira que c'est un « moyen de communication de masse », associant étroitement l'image et le langage, et c'est vrai. Un spécialiste des arts graphiques affirmera qu'il s'agit plutôt d'un genre de littérature dessinée, et c'est encore vrai. Mais un autre soutiendra que la bande dessinée est au fond plus proche du cinéma que de la littérature, et c'est une définition qui ne manque pas non plus de vérité.

S'il est si difficile de définir avec précision la bande dessinée, c'est qu'elle se situe précisément au carrefour de plusieurs moyens d'expression artistique : l'art graphique, l'art cinématographique et la littérature. Elle est tout à la fois dessin, cinéma, écriture, se conjuguant entre eux pour former un art nouveau, doté d'un ensemble de moyens d'expressions extrêmement complet et variés, comme nous allons nous en rendre compte :

— MOYENS D'EXPRESSIONS DÉRIVÉS DE L'ART CINÉMATOGRAPHIQUE :

Les « plans » (gros plan, plan d'ensemble, etc.) - le « cadrage » ou « angles de vue » (plongée, contre-plongée, etc.) - le « montage » ou enchaînement des plans...

— MOYENS D'EXPRESSIONS DÉRIVÉS DE L'ART GRAPHIQUE :

Le graphisme - la composition des images - les jeux d'ombre et de lumière - la perspective - la couleur...

— MOYENS D'EXPRESSIONS DÉRIVÉS DE LA LITTÉRATURE :

Les textes et les dialogues...

Auxquels il faut ajouter un certain nombre de moyens d'expression non moins remarquables qui sont propre à la bande dessinée :

— Les CADRES (ou « cases ») qui peuvent varier de proportion d'une image à l'autre, rétrécir, s'étirer à volonté selon les nécessités du récit.

— Les PHYLACTÈRES (ou « bulles » ou « ballons ») qui intègrent le langage à l'image et permettent de faire parler les personnages.

— Les ONOMATOPÉES qui constituent le « bruitage » expressif des bandes dessinées.

Ensuite, tout dépendra du talent avec lequel le créateur de bandes dessinées saura **choisir** parmi ces moyens d'expression très divers, ceux qui conviennent le mieux à ce qu'il veut exprimer à chaque moment du récit.

L'art, en effet, résulte toujours d'un choix. L'artiste peintre choisit parmi quantité de formes et de couleurs possibles celles qui traduisent le mieux sa vision personnelle du sujet, tout comme l'écrivain choisit parmi un certain nombre de mots de sens parfois très voisin ceux qui expriment le mieux sa pensée. Le cinéaste, de son côté, choisit les plans de son film en fonction du rythme qu'il désire lui donner ou de l'atmosphère qu'il désire suggérer. L'art culinaire, lui-même, ne fait pas exception ! Selon que le cuisinier aura plus ou moins bien choisi ses ingrédients, le plat sera plus ou moins savoureux, plus ou moins apprécié des gourmets.

Naturellement, la bande dessinée n'échappe pas à la règle : la qualité d'une histoire en images, son expressivité, — son fumet, sa saveur —, dépendent aussi du talent avec lequel son auteur saura choisir parmi les divers ingrédients dont il dispose, — parmi les moyens d'expression dont nous venons de dresser la liste —, ceux qui traduisent le mieux sa pensée, à chaque moment du récit. Ainsi, selon le moment considéré, tel « cadrage » accentuera l'atmosphère d'une scène mieux que tel autre, tel « plan » mettra en relief les sentiments d'un personnage mieux que tel autre, etc. Après quoi il restera encore à choisir le meilleur « montage » possible de ces plans, pour constituer des scènes puis des séquences vivantes et dynamiques... L'écrivain ne fait pas autre chose lorsqu'il combine et enchaîne des mots (au lieu d'images) pour former des phrases puis des paragraphes et des chapitres, vivants et expressifs.

Mais n'allons pas trop vite. Contentons-nous pour l'instant d'une première certitude : d'un bout à l'autre de sa création, du scénario à la réalisation graphique, une bande dessinée de qualité n'est jamais le résultat d'un « à peu près ».

6

1

Morris « **LUCKY LUKE** » © Ed. Dupuis

2

Joseph Gillain « **JERRY SPRING** » © Ed. Dupuis

Deux façons de traiter un même sujet (le western), deux réussites :

— Dans un cas comme dans l'autre, les **plans** sont diversifiés et choisis de façon à mettre parfaitement en relief l'action ou les sentiments des personnages.

— Les **cadrages** sont variés et expressifs.

— Les **angles de vue** sont diversifiés. Ils complètent expressivement les plans, évitent toute monotonie dans la succession d'images.

— Les **éclairages**, les jeux d'ombre et de lumière, contribuent à créer l'atmosphère du récit.

— Les **dialogues** n'envahissent pas inconsidérément les images. Ils les complètent, expliquent l'action ou les sentiments des personnages.

Avec, par-dessus le marché, beaucoup **d'inspiration**, voilà le prix minimum à payer pour réussir une bande dessinée...

3

UN SPECTACLE ÉTRANGE ET MERVEILLEUX FRAPPE LES YEUX EMBUÉS DE LARMES DE DALE... ACCOURANT VERS EUX, A TRAVERS LA VALLÉE, LES LANCIERS D'ÉLITE DE FRIA CHEVAUCHANT DES OISEAUX-DES-NEIGES APPARAISSENT.

Copr. 1939, King Features Syndicate, Inc., World rights reserved.

Alex Raymond « FLASH GORDON » © K.F.S./Opera-mundi

La bande dessinée traditionnelle : des thèmes, souvent vieux comme le monde mais qui sont cependant loin d'avoir fini de captiver les hommes : le goût de l'aventure et de la découverte est en eux, depuis le commencement, et ne s'effacera vraisemblablement qu'avec le dernier d'entre eux...

2. LE CHOIX DU SUJET

A la base de toute bande dessinée se trouve une histoire, un fait, imaginé ou inspiré de la réalité, qu'un auteur se propose de raconter « en images ». Celui-ci n'aura d'ailleurs que l'embarras du choix, car les sujets qui conviennent parfaitement aux moyens d'expression de la bande dessinée sont heureusement fort nombreux et variés. De la bande dessinée d'aventure (western, récits de chevalerie, aventures, science-fiction, fantastique, récits policiers, etc.) à la bande dessinée pour adultes, moins conformiste, qui se présente souvent de nos jours sous forme de véritables « romans » en bande dessinée, basés de préférence sur l'observation de la réalité quotidienne (**fig. 4**), un auteur de bandes dessinées n'aura jamais de mal à trouver un bon sujet qui ne tombe pas dans le « déjà vu ».

Ce n'est pas toujours facile lorsqu'on aborde certains sujets (western, récits de chevalerie, etc.) (**fig. 3-4**) qui ont inspiré jusqu'ici tant de séries dessinées d'excellente qualité qu'il paraît presque impossible de les reprendre encore et encore sans devenir ennuyeux. Et c'est ici précisément que commence à se manifester le bon auteur de ban-

des dessinées : **il sait renouveler les plus vieux sujets, les enrichir de thèmes nouveaux, y introduire des personnages moins conventionnels et présenter ceux-ci sous un « éclairage » psychologique original, etc.** Bref, il fait véritablement **œuvre de créateur.**

De son côté, l'auteur qui se sent attiré par la bande dessinée comique, ne manquera pas non plus d'excellents sujets à traiter. Tous les thèmes de la bande dessinée d'aventure, qui seront alors traités dans un esprit plus ou moins **parodique***, lui sont ouverts. Avec, par-dessus le marché, une grande variété de thèmes qui sont propres à la bande dessinée comique : études de caractère, scènes de la vie contemporaine, chroniques familiales ou animalières, etc., traités de façon plus ou moins **satirique***, à moins que n'y règne en maître le **gag***.

De quoi ravir et satisfaire **encore** des générations de lecteurs impatients !

Les mots signalés dans le texte par une astérisque (*) font l'objet d'une étude ou d'un chapitre spécial dans l'ouvrage.

Tardi « ADIEU BRIN D'AVOINE » © Casterman

4

Bourgeon « LES PASSAGERS DU VENT » © Ed. J. Glénat

... des thèmes nouveaux, des personnages qui possèdent une épaisseur humaine jusqu'ici inconnue dans la bande dessinée, un graphisme plus libre, plus personnel : voici la « nouvelle » bande dessinée... Passés les défoulements de ses débuts, elle entre maintenant dans sa majorité. Enfin, vraiment « adulte » : un univers s'ouvre à elle...

3. LA CRÉATION DES PERSONNAGES

5

D. O'Neil/N. Adams « BATMAN » © National Periodical Publ. Inc.

6

George Fett « SNIFFY » © A Bell-Mc Clure Syndicate/Graph. Lit.

Ayant trouvé un sujet original, susceptible d'intéressants développements dramatiques (ou comiques), voici notre auteur, imaginant maintenant les personnages qui peupleront son récit et, pour commencer, déterminant les caractéristiques du plus important d'entre eux, celui qui sera le **héros** de son histoire...

Pour nous, c'est le moment de nous demander ce qui fait que tel personnage de bande dessinée accède au rang de véritable héros dont les aventures se prolongeront de série en série durant de nombreuses années (certains d'entre eux ont plus de quarante ans de service dans la bande dessinée), tandis que le public en boudera certains autres, sans raison apparente ?

Pour répondre à la question, il faut tenter d'imaginer les raisons qui poussent un amateur de bandes dessinées à se plonger dans la lecture de sa série favorite.

Le plus souvent, il veut se distraire, s'évader un moment de la réalité quotidienne dans le rire ou l'aventure, à moins qu'il ne recherche un genre de bande dessinée qui l'incite à réfléchir : il en existe aussi ! Quoiqu'il en soit, pour que l'histoire dans laquelle il se plonge soit vraiment **vécue**, le lecteur va presque toujours prendre la place du personnage principal de l'histoire (disons, le héros), il va **s'identifier à lui** plus ou moins consciemment pour vivre l'aventure à sa place.

En somme, le « héros » est un miroir dans lequel notre lecteur va se regarder vivre, ... et malheur si celui-ci lui renvoie une image peu flatteuse : il refusera de se reconnaître en lui et rejettera ce faux frère qui n'agit pas exactement comme il l'aurait souhaité. En revanche, offrons-lui un personnage hors du commun, paré de belles qualités humaines, donc un reflet avantageux de lui-même, et il l'accueillera avec sympathie : il en fera son héros favori.

Toutefois, en y regardant de plus près, nous allons voir que l'image du héros a quand même sensiblement évolué avec le temps...

4. LE HÉROS RÉALISTE CLASSIQUE

Contrairement au « super-héros » (très contesté) dont la force et les pouvoirs sont toujours plus ou moins surnaturels, le **héros classique** se présente toujours sous les traits d'un être humain (auquel le public pourra donc s'identifier facilement). Ce qui le caractérise donc en tant que héros, c'est un ensemble de **qualités humaines** (audace, courage, débrouillardise, etc.), portées chez lui à un haut degré de perfection : le héros est toujours de ce fait un personnage **hors du commun**. Ainsi n'est-il jamais simplement audacieux, courageux ou débrouillard : il est **plus** audacieux que n'importe qui (**fig. 7**), **plus** courageux que quiconque. S'il est bon tireur, il tirera alors « plus vite que son ombre » (**fig. 12**) et s'il est débrouillard ou astucieux (**fig. 10, 11, 13**), il sera **plus** astucieux que le plus roublards de ses adversaires.

Toutefois, un héros n'est jamais sans faiblesse. Trop parfait, trop facilement triomphant, le personnage perdrait rapidement toute crédibilité (« à vaincre sans péril, on triomphe sans gloire »). Aussi possédera-t-il parfois quelque « sympathique » imperfection (étourderie, etc.). Mais, on ne le verra jamais en revanche affligé d'un grave défaut : comment le lecteur pourrait-il s'identifier à un « repoussoir », malhonnête, fourbe ou corrompu, sans se sentir mal à l'aise ?

ET FLASH PART AUSSITOT POUR UNE AVENTURE PÉRILLEUSE MAIS INDISPENSABLE. UNE TENTATIVE SOLITAIRE DE SAUVER UN HOMME, SEUL CONTRE DES FORCES BIEN SUPÉRIEURES.

pr. 1941, King Features Syndicate, Inc., World rights reserved.

7 A. Raymond « FLASH GORDON » © K.F.S.

*Inutile d'aller chercher plus soin une définition précise du héros. L'auteur de **Flash Gordon**, qui sait de quoi il parle, le définit ici parfaitement en deux phrases concises (lire le texte).*

FLASH, PROJETÉ DANS LA NEIGE PAR-DESSUS LA RIVIERE ET LES VÊTEMENTS MIS EN LAMBEAUX PAR LA FORCE DE L'EXPLOSION, CRIE... « HÉ ZARKOV, PASSEZ-MOI UN AUTRE PANTALON, JE SUIS INDÉCENT ! »

LA SEMAINE PROCHAINE : FLASH S'ÉNERVE

A. Raymond « FLASH GORDON » © K.F.S.

Il n'est pas mauvais de faire descendre quelquefois le héros de son piédestal pour le ramener à une dimension plus « humaine », plus proche du public. C'est pourquoi on ne manquera jamais de glisser dans un récit réaliste, serait-il dramatique, quelques brèves scènes plus ou moins cocasses qui détendront un instant l'atmosphère (la suite n'en paraîtra que plus dramatique) en même temps qu'elles « humaniseront » un peu le personnage...

QUI SAIT SI CETTE MACHINE NE VA PAS M'ÉPARPILLER DANS L'ESPACE ET LE TEMPS... QUI SAIT SI MON ÊTRE DÉSINTÉGRÉ NE VA PAS FORMER UNE NOUVELLE COSMOGONIE SIDÉRALE ? ALLONS-Y !

Gillon « LES NAUFRAGÉS DU TEMPS » © Humanoïdes associés **9**

Enfin, contrairement au super-héros qui se fait le plus souvent le défenseur d'un « ordre établi », le héros classique est toujours habité d'un idéal de générosité qui le pousse à se placer régulièrement du côté du plus faible : souvent justicier, occasionnel ou professionnel, sinon bandit d'honneur (voir « Robin des bois »), il s'attaque à l'injustice ou à la **tyrannie** (sous toutes ses formes), se fait à l'occasion redresseur de torts, défenseur de la veuve ou de l'opprimé, à moins qu'il ne s'attaque à cette autre tyranie que représente le « gang » de malfaiteurs ou qu'il se lance dans l'Aventure (la découverte, l'inconnu...), là où les risques sont les plus sérieux, là où ses qualités de héros seront donc véritablement mises à l'épreuve...

10

11

R. Goscinny/A. Uderzo « ASTERIX » © Ed. Dargaud

12

Morris « LUCKY LUKE » © Ed. Dupuis

13

Hergé « TINTIN » © Casterman

14

Peyo « BENOIT BRISEFER » © Ed. Dupuis

A mi-chemin entre la bande dessinée réaliste et comique, il existe toute une catégorie de personnages de bandes dessinées, qui possèdent **toutes les caractéristiques d'un véritable héros classique,** *— sans peur et sans reproche, caractère bien trempé, courage à toute épreuve —, mais qui se trouvent cependant presque toujours entraînés dans des aventures plus ou moins comiques. Tels sont par exemple :* **Tintin, Astérix** *ou* **Lucky Luke.** *Le détonnant mélange d'héroïsme et d'humour, d'aventure et de rire, qui caractérise ce genre de séries « semi-réalistes » n'est certainement pas étranger à leur extraordinaire succès populaire.*

5. LE HÉROS MODERNE

CORTO MALTESE SE REPOSAIT PARESSEUSEMENT SUR L'UNIQUE VÉRANDA DE LA PENSION JAVA À PARAMARIBO (GUYANE HOLLANDAISE). ON VOYAIT TOUT DE SUITE QUE C'ÉTAIT "UN HOMME DU DESTIN".

H. Pratt « CORTO MALTESE »
''Sous le signe du Capricorne'' © Casterman

Avec le temps, les idées ont évolué et avec elles, l'image du héros de bandes dessinées. C'est ainsi qu'à côté du **héros classique*** qui donne une idée exemplaire de la nature humaine, — correspondant assez peu à la réalité, il faut le reconnaître —, se trouve aujourd'hui toute une catégorie de « héros » dont les caractéristiques s'éloignent plus ou moins de l'ancien modèle.

Le nouveau héros (qu'on rencontre surtout dans la bande dessinée pour adultes) possède une épaisseur humaine et psychologique qu'il n'avait pas autrefois. Moins idéalisé, moins conformiste que par le passé, plus vulnérable, c'est un être fait de chair et de sang, animé de sentiments parfois contradictoires. Il est volontiers décontracté, détendu, nonchaland (**fig. 15, 16**), s'il n'est pas quelque peu désenchanté : la marque de notre époque…

Ses traits, autrefois plus ou moins calqués sur le modèle de la beauté grecque (**fig. 7**), se rapprochent plus volontiers de certaines « gueules », — ridées, burinées —, auxquelles le cinéma nous a maintenant habitué : Rudolf Valentino cède la place à Bronson ou Belmondo (**fig. 18**). A moins qu'il ne se présente sous les traits anodins de Monsieur-Tout-le-Monde (**fig. 17**), entraîné malgré lui dans des aventures qu'il n'a pas choisies.

Cependant, ne nous y trompons pas. Derrière les apparences se cache toujours le héros : les caractéristiques ont changé, certes, mais nous nous trouvons toujours en présence d'un personnage qui est d'une façon ou d'une autre exceptionnel, **hors du commun** : si ce n'est plus la force brutale qui le mène et s'il est moins attiré qu'autrefois par l'héroïsme, en revanche il possèdera une maîtrise de soi ou bien un détachement hors du commun, à moins qu'il ne soit **plus** ingénieux ou inventif, **plus** dégourdi ou simplement **plus** humain que ses adversaires. Sans cela, ce ne serait déjà plus un héros, mais un de ces « anti-héros »* dont la triste destinée est de faire rire… à leurs dépends !

PEUT-ÊTRE SUIS-JE LE ROI DES IMBÉCILES . LE DERNIER EXEMPLAIRE D'UNE DYNASTIE COMPLÈTEMENT ÉTEINTE QUI CROYAIT EN LA GÉNÉROSITÉ !... EN L'HÉROÏSME.

H. Pratt « CORTO MALTESE »
''Sous le signe du Capricorne'' © Casterman

Le héros a peut-être évolué avec le temps, mais il reste **au fond**, *semblable à ses prédécesseurs : un être avant tout épris de générosité (lisez encore le texte)…*

Tardi « BRINDAVOINE »
© Casterman

Gir/Charlier « Lt. BLUEBERRY » © Ed. Dargaud

Comés « SILENCE » © Casterman

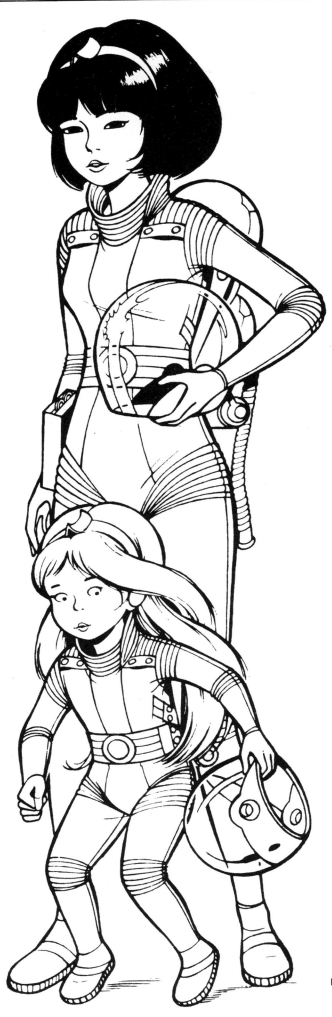

R. Leloup « YOKO TSUNO » © Ed. Dupuis

22

16

6. LES HÉROINES

Pendant longtemps, les demoiselles n'ont joué dans la bande dessinée qu'un rôle très accessoire ou épisodique : elles n'étaient souvent que le « faire-valoir » du héros — son éternelle fiancée — lorsqu'elles n'étaient pas totalement exclues de ses aventures. Mais, depuis, la femme s'est émancipée dans la bande dessinée comme ailleurs, au point de se voir promue au rang de véritable « héroïne », tenant le rôle principal d'un nombre sans cesse grandissant de séries dessinées.

Pour le héros masculin, la concurrence est sérieuse. C'est que le personnage de l'héroïne permet de jouer sur une gamme d'émotions plus étendue, plus intense, qu'on peut le faire avec un personnage masculin. D'un côté, on nous présentera la « faible femme », **en apparence** plus fragile, plus vulnérable que le héros masculin, donc plus exposée que lui au danger ou aux méchancetés de ses rivaux, dont on tirera au fil du récit d'intéressants effets dramatiques (scènes d'angoisse, suspense*, etc.)... se doublant d'autre part d'un personnage **hors du commun** (comme l'est tout héros) lorsque la jeune personne dévoilera ses armes d'héroïne : intuition, finesse, endurance à toute épreuve, etc., à moins qu'elle n'utilise une arme plus redoutable encore, à coup sûr imparable : son charme naturel !

En somme, l'héroïne est, de tous les personnages de bandes dessinées, le seul à qui l'on puisse faire jouer à la fois le rôle de l'agneau et celui du loup !... Une aubaine pour un scénariste un peu imaginatif !

Gos/Walthéry « NATACHA, hôtesse de l'air » © Ed. Dupuis

21

Christin/Mézières « VALERIAN. Métro Châtelet, direction Cassiopée » © Ed. Dargaud

J.C. Forest « BARBARELLA » © J.C. Forest

23

7. LE RIVAL

FIERS AMIS PARISIENS ! À QUELQUES JOURS DE L'OUVERTURE OFFICIELLE DE LA CAMPAGNE ÉLECTORALE QUI, JE N'EN DOUTE PAS CONFIRMERA L'ÉCLATANTE SANTÉ DE L'IDÉOLOGIE FASCISTE EN PLACE, CE SONT LES FORCES VIVES DE NOTRE JEUNESSE QUI CHERCHERONT À AFFIRMER ET À IMPOSER L'IMAGE DE LA PUISSANCE ET DE LA VITALITÉ DE LA NOUVELLE RACE PARISIENNE...

FORCE

Christin/Bilal « LA FOIRE AUX IMMORTELS » © Ed. Dargaud

Après le héros, le personnage le plus important d'une bande dessinée d'aventure, c'est généralement son inévitable adversaire : le méchant, le **rival**, assez **redoutable** pour mettre le héros en difficulté et pour que plane ainsi un doute sur l'issue de leur confrontation jusqu'aux dernières pages du récit.

Ceci explique le soin qu'on apporte toujours à la création de ce personnage essentiel, vivante image du Mal à laquelle le héros sera confronté.

Au demeurant, les caractéristiques du rival seront généralement à peu près semblables à celle d'un héros... simplement vu en négatif : comme le héros, le rival sera doté d'une **forte personnalité**, portant évidemment sur un trait de caractère négatif : imagination délirante, folie, traîtrise, dissimulation, tyrannie, etc.

Physiquement, il sera plus ou moins **inquiétant**. Son accoutrement et ses attitudes seront toujours soigneusement calculées de façon à **exalter** ou **dramatiser** sa personnalité malfaisante (**fig. 24, 25, 27**).

Enfin, s'il se trouve que le rival est chétif, lâche, etc., sa faiblesse naturelle sera toujours compensée par certains **pouvoirs extraordinaires**, le mettant en état de contrecarrer efficacement les projets du héros. Ou alors, il sera secondé par un certain nombre de **complices**, ou se trouvera à la tête d'une **puissante organisation**, criminelle ou totalitaire, à moins qu'il ne soit le symbole vivant d'un pouvoir oppressif (dictateur, etc) (**fig. 24**).

Quoiqu'il en soit, pour tenir le lecteur en haleine, vous diront les bons scénaristes, rien ne vaut un très méchant « rival » (ou ce qu'il représente), bien fort, bien ancré dans ses turpitudes...

25

"QUEL-QU'UN VIENT !" CHUCHOTE UN OFFICIER...
"LAISSEZ-LE VENIR ET S'ENFERMER ! RÉPOND MING...
"SI VOUS NE POUVEZ LE PRENDRE, TUEZ-LE !

A. Raymond « FLASH GORDON » © K.F.S.

26

C'EST LA FIN, JOLIE JOLIE ! NOUS TOMBONS, LE VENIN NOUS ATTEND. MOI-MÊME, JE NE PUIS Y ÉCHAPPER, ET C'EST JUSTICE: LE VENIN EST LE SANG DE LA VILLE.... LA REINE NE PEUT SURVIVRE À SON ROYAUME.

J.C. Forest « BARBARELLA » © J.C. Forest

28

MAIS BIEN ENTENDU, SOPHIA N'ABDIQUERA JAMAIS!.. OUI, VRAIMENT, L'ACTRICE DE CE SOIR LUI RESSEMBLE BEAUCOUP!

ELLE SE NOMME BLAIR ... FAITH BLAIR !

A. Williamson/A. Goodwin « AGENT X9 » © K.F.S./Opera-mundi

27

DAMNATION ! FEU !...FEU !.. TUEZ TOUTE CETTE RACAILLE !

B. Hogarth « DRAGO »

29

QU'ATTENDENT-ILS POUR L'ABATTRE ? DÉTRUISEZ LEUR VAISSEAU !!!

Bilal « EXTERMINATEUR 17 » © Humanoïdes associés

8. LES FORCES DE LA NATURE

DANS UNE CLAMEUR STRIDENTE, L'OURAGAN S'ABATTIT SUR L'ÎLE AUX PERLES AVEC UNE FUREUR SAUVAGE. LE MONDE PARUT S'ENGLOUTIR DANS UN ENFER DE BRUIT, DE PANIQUE ET DE DESTRUCTION...

Greg/Hermann « BERNARD PRINCE » © Ed. du Lombard

Plus terrifiantes que le plus redoutable des rivaux, il existe certaines choses qui peuvent aussi constituer la pire des **épreuves** pour le héros, lui donnant l'occasion de manifester ses qualités à leur juste valeur. Ce sont les éléments naturels, **les forces de la nature** se déchaînant contre lui.

Quoi de plus angoissant, en effet, que le combat de l'homme contre les forces qui le dépassent ?

La tempête : elle surgit toujours à l'improviste, aveugle, sourde, impitoyable, plus cruelle que ne le sera jamais le plus fou des tyrans (**fig. 30, 31**)...

La nuit : inquiétante, traîtresse, fourbe (**fig. 32**)...

Le brouillard : hypocrite, dissimulateur (**fig. 36**)
La chaleur : accablante...
Encore une mine pour un scénariste un peu imaginatif.

Sans compter ce que les éléments naturels peuvent apporter comme **atmosphère** dans le cours du récit : vu sous la neige, un décor paraîtra toujours plus ou moins **mélancolique** (**fig. 37**), tandis que la pluie donnera plutôt une impression de **tristesse** (**fig. 35**) et que le vent et l'orage engendreront à coup sûr une atmosphère de **drame** (**fig. 34**), etc. Voyez aussi (**fig. 101**) à quel point le vent, soufflant au carrefour de deux rues anime un décor et lui donne de l'ambiance.

R. Durand/P. Sanahujas « LES DIRIGEABLES DE L'AMAZONE »
© Ed. Glénat

W. Eisner « THE SPIRIT » © W. Eisner

Comés « SILENCE » © Casterman

34

Auclair/Deschamp « BRANRUZ » © Casterman

35

IL RIT ET CHANTE COMME SI LA PLUIE, LA BOUE ET LE FROID LE COMBLAIENT D'AISE ET PLUS LA JEUNE FILLE PARÂIT MALHEUREUSE PLUS IL SEMBLE GAI.

H. Foster « PRINCE VAILLANT » © K.F.S./Opera-mundi

36

Franquin « GASTON LAGAFFE » © Ed. Dupuis

37

M. Caniff « STEVE CANYON » © K.F.S./Opera-mundi

Franquin « GASTON LAGAFFE » © Ed. Dupuis

Greg « **ACHILLE TALON** » © Ed. Dargaud

Nous avons vu précédemment ce qui pousse l'amateur de bandes dessinées réalistes à s'identifier plus ou moins à son héros favori. Mais, lorsqu'il s'agit d'un personnage comique, comment ce fameux phénomène d'identification va-t-il se produire ? Va-t-il même se produire ?

Eh bien, oui. Seulement, nous allons entrer dans la peau du héros comique, non plus pour vivre une aventure héroïque à sa place, mais au contraire **pour commettre des bêtises, en toute impunité**, par personnage comique interposé !

Autrement dit, le héros comique nous offre l'occasion rêvée de nous « défouler », c'est-à-dire d'accomplir avec un malin plaisir tout ce qui nous est normalement interdit dans la vie courante : nous foncerons en auto dans un magasin de porcelaine **sans encourir la moindre sanction**, nous provoquerons de titanesques embouteillages ou nous nous laisserons aller aux pires excentricités **sans risquer jamais la moindre réprimande**. D'où la **jubilation** que nous éprouvons immanquablement à la lecture d'une (bonne) série de ce genre.

En somme, le héros comique n'est rien d'autre qu'un héros réaliste... vu en négatif. Comme celui-ci, ce sera toujours un personnage **hors du commun** (dans son cas, on parlera plutôt d'un vrai « phénomène »), à ceci près que, chez lui, ce ne sera plus une qualité mais un **petit défaut** ou une bizarrerie de caractère (étourderie, maladresse, gourmandise, etc.) qui se trouvera grossi,

amplifié, caricaturé jusqu'à atteindre un degré jamais atteint par le commun des mortels (puisque, d'une façon ou d'une autre, un héros est toujours un être supérieur). Ainsi, le héros comique sera **plus** gaffeur que le personnage le plus gaffeur qu'on puisse imaginer, et cela donnera l'innénarrable « **Gaston Lagaffe** » (**fig. 38**), ou il sera **plus** inventif que n'importe qui dans ses invectives, et nous avons tout de suite reconnu le fameux « **Capitaine Haddock** ».

Il faut cependant souligner que le défaut ou la bizarrerie qui caractérise le héros comique sera toujours, à l'origine, **insignifiant**. Celui-ci sera peut-être étourdi, maladroit, roublard, mais, contrairement au rival* ou à l'anti-héros*, il ne sera jamais affligé d'un grave défaut (duplicité, malhonnêteté, cruauté, etc.), car ceci conduirait immanquablement le lecteur à se sentir coupable, par personnage interposé, et donc à rejeter impitoyablement ce héros qui lui donne mauvaise conscience. Il ne faut pas aller chercher plus loin l'insuccès que peuvent connaître certaines séries dessinées comiques.

Pour la même raison, si le héros comique se trouve entraîné à commettre de mauvaises actions ou à provoquer des catastrophes, ce sera toujours **involontairement**, par hasard ou par négligence... Ou alors, c'est que notre personnage aura déjà rejoint le camp des « anti-héros »... qui ne manquent pas non plus de charme, à leur manière, comme nous allons le voir.

40

PEOPLE ALL OVER THE COUNTRY ARE SCANNING THE SKIES TO FIND MY BLANKET

C.M. Schulz « PEANUTS » © United feature Syndicate/U.P.I.

41

"GENTLEMEN, I'D LIKE TO PRESENT TO YOU THE NEW CHAIRMAN OF THE BOARD!"

C.M. Schulz « PEANUTS » © United feature Syndicate/U.P.I.

42

504A

Roba « BOULE ET BILL » © Ed. Dupuis

43

AH MON CHER, CROYEZ-MOI : LA VIE EST UNE GARCE... N'AVOIR VÉCU QUE POUR OBTENIR ET RENDRE DURABLE L'ILLUSION D'ÊTRE UNIQUE !!!

...POUR S'APERCEVOIR AU BOUT DU CHEMIN QUE LE MONDE EST REMPLI DE MAÎTRES DU MONDE!

LA VOILÀ LA VÉRITABLE TRAGÉDIE POUR NOUS AUTRES LES MAÎTRES DU MONDE :

NOUS NE SOMMES PAS SEULS!

Mandryka « LE RETOUR DU CONCOMBRE MASQUÉ » © Ed. Dargaud

10. L'ANTI-HÉROS

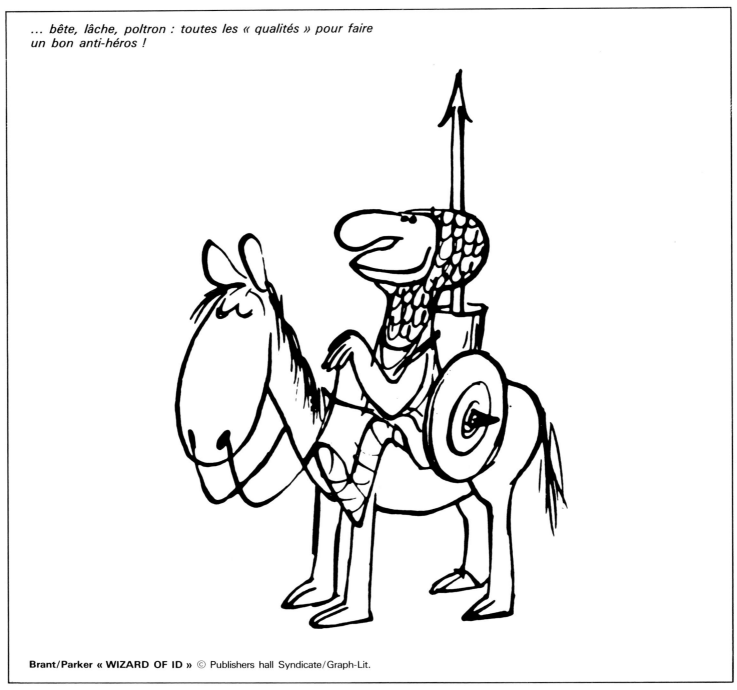

... *bête, lâche, poltron : toutes les « qualités » pour faire un bon anti-héros !*

Brant/Parker « WIZARD OF ID » © Publishers hall Syndicate/Graph-Lit.

Nous l'avons vu : le héros réaliste comme le héros comique donnent toujours une idée plus ou moins optimiste de la nature humaine (puisqu'ils ne sont affligés d'aucun grave défaut). C'est la conception du héros « sympathique », la plus courante dans la bande dessinée.

Hélas, l'être humain ne donne pas toujours de lui une image aussi rose, et ses travers ou ses défauts ne pouvaient manquer d'inspirer certains auteurs particulièrement doués pour la satire. D'où naquirent les « anti-héros » qui sont, en somme, de parfaits négatifs du héros classique, promus au rang de vedette. Celui-ci donnait-il une idée optimiste de l'homme, ceux-là seront au contraire **affligés des plus graves défauts** (cupidité, lâcheté, cynisme, etc.), défauts qui seront encore grossis, exagérés, amplifiés par la carica-

ture pour être mieux ridiculisés, soit qu'il s'agisse de s'attaquer à certains types de comportement individuel, soit que l'on veuille attirer l'attention sur certaines tares de la société par « anti-héros » interposé.

Lorsque l'auteur possède un sens aigu de la satire* (mais ce n'est pas donné à tout le monde) et s'il sait habilement typer et mettre en situation ces représentants d'une basse humanité, **faire accepter l'inacceptable en jouant, par exemple, sur la naïveté ou la drôlerie du dessin venant tempérer le sérieux sinon le tragique du propos (fig. 44 à 48)**, alors nous verrons naître un de ces authentiques petits chefs-d'œuvre d'humour grinçant qui ont le mérite d'aller en souriant — mine de rien — au fond des choses, et donnent souvent à réfléchir...

45

AINSI TU PRÊCHAIS LA DÉMOCRATIE

NE TE RENDS-TU PAS COMPTE QU'IL Y A QUELQUE CHOSE DE PLUS IMPORTANT QUE LA DÉMOCRATIE?

VRAIMENT? ET QUOI DONC?

TA VIE.

Brant/Parker « WIZARD OF ID » © Publishers hall Syndicate/Graph-Lit.

... la cruauté pour rire (jaune).

46

VITE, UNE FEMME EST TOMBÉE DU BUS... N'AS-TU PAS UN VERRE DE CO-GNAC?

VOILÀ!

MERCI...MAINTENANT JE ME SENS MIEUX...

Smythe « ANDY CAPP » © Syndicat International/Graph-Lit

Andy Capp, le cynisme en personne...

47

BUCK EST UN INCAPABLE, UN DÉMAGO, QUI NOUS PROMET LA LUNE DEPUIS DES ANNÉES.

ET TON ALBERT, QU'EST-CE QU'IL NOUS PROPOSE? RIEN DU TOUT! C'EST DU VENT CE TYPE!

J'AI ENCORE DE BEAUX JOURS DEVANT MOI.

© Got/Petillon « LE BARON NOIR »

La fable du rapace s'attaquant à un troupeau de moutons moutonniers : l'allusion est claire... Du La Fontaine au vitriol !

48

TOI AUSSI, QUAND TU ÉTAIS PETIT, TU JOUAIS AU YOYO?

PARFAITEMENT, ET J'ÉTAIS IMBATTABLE!

BOU-OUH!

MAFALDA! QU'EST-CE QU'IL Y A? POURQUOI TU PLEURES?

PARCE QUE SI MA GÉNÉRATION RESSEMBLE À LA TIENNE, ON EST CUIT!!

BOU-OUH!

Quino « MAFALDA » © Ed. J. Glénat

... la dent dure !

11. LE FAIRE-VALOIR

49

Hergé « TINTIN » © Casterman

Quel intérêt y aurait-il à parer un héros de grandes qualités, si celles-ci n'étaient pas mises en valeur tout au long du récit ? Bien sûr, elles auront toujours l'occasion de se manifester lorsque le héros sera confronté à ses adversaires. Mais que se passera-t-il durant les scènes intermédiaires ? On ne peut quand même pas obliger le héros à rentrer dans les rangs du commun des mortels ! Voilà pourquoi on l'accompagnera souvent d'un personnage plus ou moins comique, doté de certains petits défauts ou bizarrerie de comportement par rapport auxquels les qualités du héros n'en ressortiront que mieux à tout moment du récit : ce sera son « faire-valoir »...

En outre, le « faire-valoir » réchauffera souvent par ses facéties l'atmosphère un peu solennelle qui entoure, — auréole —, toujours le héros classique. Il donnera au récit une chaleur humaine, une tournure bon enfant, auxquelles le public ne sera jamais insensible. Au point que le « faire-

valoir » en arrivera quelquefois à disputer la vedette au héros de l'histoire, jusqu'à se hisser lui-même au rang de véritable héros : tel **Obélix**, à côté d'**Astérix** ou, le **capitaine Haddock** en compagnie de **Tintin** (**fig. 49**).

Bien entendu, si le héros réaliste (ou semi-réaliste, comme Tintin) est presque toujours accompagné d'un « faire-valoir » **comique**, à l'inverse le **héros comique** sera toujours environné de gens **sérieux**, en comparaison desquels ses petits défauts, faiblesses ou maladresses **ressortiront beaucoup mieux** : ce seront ses propres « **faire-valoir** »... Ce n'est pas un hasard si le fameux « **Gaston Lagaffe** » est entouré de gens de caractère absolument opposé au sien : ordonnés, méticuleux, travailleurs. De même, un héros comique se caractérisant par sa maladresse ne sera vraiment « en situation » qu'en compagnie de personnages, — de « faire-valoir » —, pleins d'aisance. Et ainsi de suite...

R. Goscinny/A. Uderzo « ASTERIX » © Ed. Dargaud

Peyo « JOHAN ET PIRLOUIT » © Ed. Dupuis

Franquin « GASTON LAGAFFE » © Ed. Dupuis

QUELQUES HÉROS ET LEURS
"FAIRE VALOIR"

J. Prentice « RIP KIRBY » © K.F.S./Opera-mundi

12. LE SCÉNARIO

Notre auteur de bandes dessinée ayant trouvé un bon sujet puis imaginé les personnages qui peupleront son histoire (héros classique ou moderne, héroïne ou anti-héros, etc.), voici arrivé le moment où ses idées vont enfin prendre vie, sous la forme d'un **scénario**, souvent précédé d'un **synopsis**.

Voyons tout cela d'un peu plus près...

LE SYNOPSIS

C'est le résumé écrit de l'histoire, en quelques pages (2 ou 3 pages, selon le sujet), donnant pour mémoire les grandes lignes de l'intrigue (est-il besoin de rappeler à ce sujet que toute histoire se décompose **en principe** toujours en trois parties : une **exposition**, le **développement de l'intrigue** et un **dénouement** ou « chute » de l'histoire).

LE SCENARIO

C'est le développement écrit de l'histoire en un nombre de pages dactylographiées variant selon la nature et l'importance du sujet (de 10 à 30 pages, en général).

Le scénario raconte l'histoire en détails, décrit décors et personnages principaux, prévoit les rebondissements de l'intrigue les plus importants. Certains dialogues peuvent aussi y figurer à l'état d'esquisse.

En principe, c'est ce scénario qui sera communiqué à l'éditeur, pour qu'il puisse juger sur pièce de la valeur du sujet. C'est dire l'attention et les soins qu'on accordera toujours à sa rédaction.

LE DÉCOUPAGE

Le scénario ayant été accepté, on peut passer maintenant à l'étape suivante : le **découpage**... Sans doute, l'étape la plus importante de la création d'une bande dessinée.

Le découpage, c'est le plan complet, précis et définitif de la future bande dessinée, image par image, scène par scène, établi par le scénariste à l'intention du dessinateur. A moins que le scénariste travaille en collaboration étroite avec un dessinateur ami, auquel cas ce dernier apportera souvent ses propres idées, au moment de l'établissement du découpage.

Il arrive aussi que l'auteur d'une bande dessinée en soit également le dessinateur.

Dans un cas comme dans l'autre, rien n'autorise cependant le scénariste à négliger le découpage de son histoire, comptant un peu légèrement sur l'art du dessinateur pour rattraper éventuellement les faiblesses du scénario.

En effet, si un bon scénario, bien « découpé », ayant du rythme, de l'allant, est capable de sauver une série médiocrement dessinée, à l'inverse, **de bons dessins sauveront rarement un médiocre découpage** (une histoire baclée, qui traite lamentablement en longueur, etc.).

En pratique, le découpage se présentera sous deux formes très différentes, selon que l'auteur est ou non dessinateur :

LE DÉCOUPAGE ECRIT

C'est la façon la plus classique de présenter un découpage. Celui-ci se présentera alors, à peu près comme un « découpage » cinématographique, sur deux colonnes.

Dans la première colonne, l'action sera décrite, scène par scène, case par case, avec l'indication pour chacune d'elles du « plan » ou du cadrage souhaité.

La seconde colonne sera réservée aux textes et dialogues devant figurer dans chaque case, éventuellement complétés par des indications sur le jeu des personnages. D'autres fois, comme ici (**fig. A**), le scénario sera présenté en continuité : d'abord la description de la scène et en dessous, l'indication des dialogues, case par case.

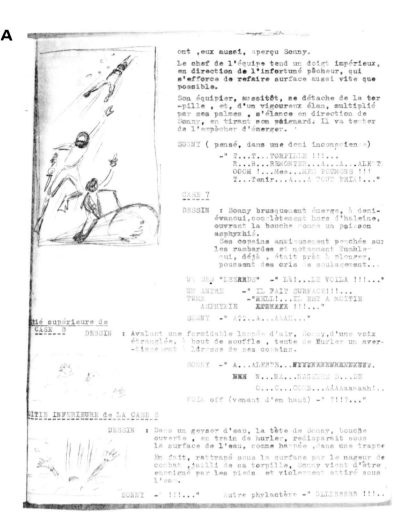

...

Le chef de l'équipe tend un doigt impérieux, en direction de l'infortuné pêcheur, qui s'efforce de refaire surface aussi vite que possible.
Son équipier, aussitôt, se détache de la torpille, et, d'un vigoureux élan, multiplié par ses palmes, s'élance en direction de Sonny, en tirant son poignard. Il va tenter de l'empêcher d'émerger.

SONNY (pensé dans une demi-inconscience) :
— « T... T... TORPILLE !!! R... R... REMONTER... A... A... ALERTE ! OOOH !... MES... MES POUMONS !!! T... TENIR... A... A... TOUT PRIX ! »

Case 7, dessin :

Sonny brusquement émerge, à demi-évanoui, complètement hors d'haleine, ouvrant la bouche comme un poisson asphyxié.
Ses copains anxieusement penchés sur les rambardes et notamment Tumhler qui, déjà, était prêt à plonger, poussent des cris de soulagement...

UN DES « LÉZARDS » :
— « LA !... LE VOILA !!!... »
UN AUTRE :
— « IL FAIT SURFACE !!!... »
TUMB :
— « HELL !... IL EST A MOITIÉ ASPHYXIÉ !!!... »
SONNY :
— « A... A... AAAHH... »

Moitié supérieure de Case 8, dessin :

Avalant une formidable lampée d'air, Sonny, d'une voix étranglée, à bout de souffle, tente de hurler un avertissement à l'adresse de ses copains.

SONNY :
— « A... ALERTE... N... NA... NAGEURS D... DE C... C... COMB... AAAAaaaaah !...
VOIX off (venant d'en haut) :
— « ?!!?... »

Moitié inférieure de la Case 8, dessin :

Dans un geyser d'eau, la tête de Sonny, bouche ouverte, en train de hurler, redisparaît sous la surface de l'eau, comme happée, dans une trappe.
En fait, rattrapé sous la surface par le nageur de combat, jailli de sa torpille, Sonny vient d'être empoigné par les pieds et violemment attiré sous l'eau.

SONNY :
— « !!!... »
Autre phylactère :
— « GLLLBBBBB !!! »

...

la baie, sur une étroite laisse de sable, mise à sec, par le reflux...

Dessin :

Voir croquis. L'avion agricole amenant le prince Shim et piloté par Costello se pose, sur une étroite frange de sable que le soleil a à peu près séché et durci au pied des falaises couvertes de jungle au fond de la baie.
Atterrissage acrobatique. Une des roues est presque dans l'eau.

VOIX DE COSTELLO :
— « Damn !... Encore une chance que ce soit marée basse !... Même avec ce zinc lent, nous n'aurions pu nous poser nulle part !...

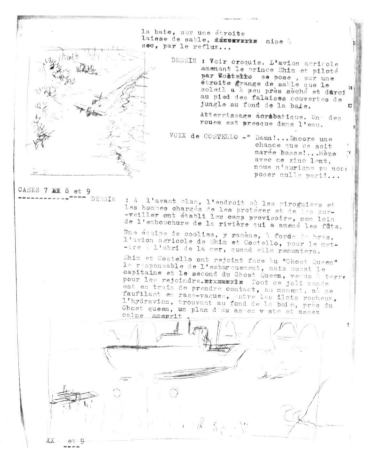

Cases 7, 8 et 9, dessin :

A l'avant-plan, l'endroit où les piroguiers et les hommes chargés de les protéger et de les surveiller ont établi le camp provisoire, non loin de l'embouchure de la rivière qui a amené les fûts.
Une équipe de coolies, y ramène, à force de bras, l'avion agricole de Shim et Costello, pour le mettre à l'abri de la mer, quand elle remontera.
Shim et Costello ont rejoint face au « Ghost Queen » le responsable de l'embarquement, mais aussi le capitaine et le second du Ghost Queen, venus à terre pour le rejoindre. Tout ce joli monde est en train de prendre contact, au moment, où se faufilant en rase-vagues, entre les îlots rocheux, l'hydravion, trouvant au fond de la baie, près du Ghost Queen, un plan d'eau assez vaste et assez calme amerrit.

J.M. Charlier «BUCK DANNY» © Dupuis

B

Duc « **LES MYSTÈRES DU COSMOS** » © Dupuis

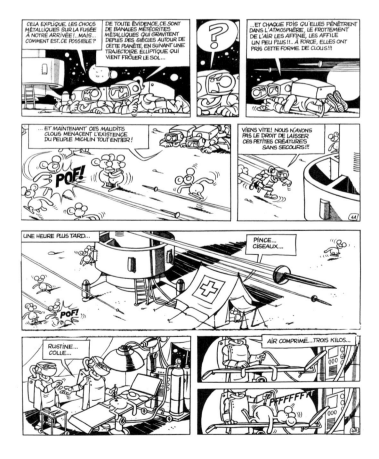

Exemple de découpage entièrement dessiné. On notera les quelques modifications de cadrage qui ont été effectuées au moment de la réalisation.

LE DÉCOUPAGE DESSINÉ

Souvent utilisé par les auteurs de bandes dessinées lorsqu'ils sont dessinateurs de leurs propres œuvres (mais aussi, par certains scénaristes ayant quelques notions de dessin), ce procédé présente un avantage certain sur le précédent : le découpage, étant alors directement établi sous forme de croquis dialogués plus ou moins précis (au besoin, complétés par quelques notes en marge du dessin, précisant les intentions de l'auteur), permet de « visualiser » le récit et de se rendre compte immédiatement de l'effet que produira chaque planche lorsqu'elle sera réalisée (**fig. B**).

Crayonné d'une planche de « TINTIN » par Hergé © Casterman

Greg «ACHILLE TALON» © Dargaud

13. QUAND LES MOTS DEVIENNENT DES IMAGES

Voici donc arrivé le moment crucial où le scénariste entreprend de « découper » scène par scène, case par case, l'histoire qu'il a imaginée. Mais comment va-t-il s'y prendre au juste pour transformer l'histoire écrite (le scénario) en une histoire en images ? Comment va-t-il **exprimer en images** les idées souvent très nuancées qu'il a en tête ?

Tout simplement : notre auteur va remplacer les mots du scénario par des plans, des angles de vue, des cadrages **qui « parleront » à la place des mots**. Rencontrera-t-il, par exemple, les mots « défaite » ou « colère », il choisira alors le plan (ou l'angle de vue, etc.) qui traduira le mieux l'idée de défaite ou le sentiment de colère qui anime son personnage. Et ainsi de suite, chaque idée du scénario, chaque mot, seront successivement traduits en images, souvent même sans qu'il soit nécessaire de faire appel à aucun texte explicatif pour venir soutenir l'image. Voyez, par exemple, comme l'auteur de cette série a su traduire **visuellement**, et très expressivement, **l'inquiétude** manifeste de son personnage (**fig. 54**). Voilà un auteur qui connaît manifestement le **vocabulaire** de la bande dessinée, qui sait s'exprimer en images avec toutes les nuances voulues. Un riche vocabulaire, que nous allons à notre tour longuement explorer...

*La bande dessinée est un moyen d'expression **visuel** qui peut se passer très souvent de dialogues ou commentaires explicatifs. On voit ici, par exemple, comment quatre « plans » et angles de vue soigneusement choisis peuvent suggérer très expressivement **l'inquiétude** d'un personnage face à un danger caché mais réellement présent en filigrane. Un petit chef-d'œuvre d'ambiance et de suspense...*

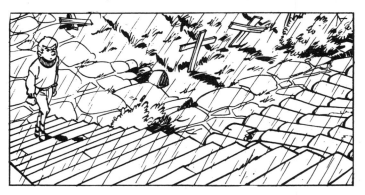

54

M. Tillieux « GIL JOURDAN » © Ed. Dupuis

*Ayant à traduire la même idée, un autre auteur a tout naturellement, instinctivement, utilisé **les mêmes moyens expressifs** : vue en plongée (qui place le personnage en situation d'infériorité), plans rapprochés (qui détaillent l'expression angoissée de son visage), jeux d'ombre et de lumière, etc., arrangés cependant en un « montage » d'images tout à fait **personnel**. Comme quoi il est possible d'exprimer avec force plusieurs fois la même idée... sans jamais se répéter ni copier le voisin !*

55

F. Walthéry « NATACHA. La mémoire de Métal » © Ed. Dupuis

H. Foster « PRINCE VAILLANT » © K.F.S./Opera-mundi/Ed. Serg.

RÉSUMÉ:
LE TOURNOI DES DIAMANTS DE LA REINE SUR LA LANDE EST INTERROMPU PAR L'ARRIVÉE DEVANT LE PAVILLON DU ROI ARTHUR, DE VAL ET DE SIRE GAUVAIN DÉFAILLANT. L'ÉPISODE DU COMPLOT EST TERMINÉ. CE NE FUT QU'UNE AVENTURE FACILE OÙ IL NE FALLUT TUER QUE SEPT ENNEMIS. LE SEUL ÉVÈNEMENT GRAVE EN FUT LA BLESSURE DE SIRE GAUVAIN.

A : *Plan de très grand ensemble*
B : *Plan d'ensemble*
C : *Plan général*
D : *Plan moyen*
E : *Plan rapproché*
F : *Gros plan*

A la base de toute histoire en images (bande dessinée ou film cinématographique) se trouvent les « plans », qui sont les différentes façons de présenter les personnages de l'histoire, tantôt vus de près, tantôt vus dans le lointain.

Lorsqu'ils sont suffisamment variés, les différents plans permettent évidemment d'éviter la monotonie et l'ennui qu'engendrerait inévitablement une succession d'images présentant le sujet vu toujours à la même distance.

Cependant, là n'est pas l'intérêt principal des plans. Avant tout, ceux-ci ont chacun une valeur psychologique et expressive qui lui est propre, dont on jouera tout le long du récit pour **mettre en relief** l'action ou les sentiments des personnages et pour **moduler** à volonté **l'intensité dramatique** (ou le comique) de chaque scène en fonction de l'intrigue.

Autant dire que les plans **ne seront jamais choisis par hasard**, pas plus qu'ils ne se succéderont ou ne s'enchaîneront au petit bonheur : la pagaille dans le récit, la confusion du propos, l'obscurité, on ne connaît pas mieux pour faire fuir les lecteurs les mieux attentionnés !

Voyons donc tout de suite ce que « valent » ces fameux plans...

LE PLAN D'ENSEMBLE

C'est un plan essentiellement descriptif, présentant le décor, un paysage, une foule de personnages, dans leur plus large ensemble (fig. 57 à 62).

Le plan d'ensemble correspond à l'indispensable description préliminaire du lieu de l'action, sans laquelle les mouvements et déplacements des personnages risqueraient d'être incompris. Dans quel lieu se trouvent-ils ? Quelle est leur place respective dans le décor ? D'où viennent-ils ? Où vont-ils ?

En principe, toute scène ou séquence commencera donc toujours par un plan d'ensemble, décrivant le décor et situant les personnages par rapport à celui-ci. Ensuite, chaque fois que l'action se déplacera dans un nouveau décor, un nouveau plan d'ensemble viendra naturellement décrire celui-ci à son tour.

Evidemment, si le décor mérite une longue description, plusieurs plans d'ensemble (vus sous des angles différents pour éviter toute monotonie) pourront se succéder, pour le décrire dans tous ses détails.

Voir aussi d'autres exemples de plans d'ensemble : (fig. 34, 114, 131 etc.)

Bourgeon « LES PASSAGERS DU VENT »
© Ed. J. Glénat

Hergé « TINTIN : le temple du soleil » © Casterman

Hermann/Greg « **COMANCHE** » © Ed. du Lombard

LE PLAN D'ENSEMBLE (suite)

L'ARMÉE ROYALE CAMPAIT DEVANT NOTTINGHAM. TOUS LES SEIGNEURS ET CHEVALIERS DU SUD DE LA TAMISE S'ÉTAIENT RALLIÉS À CŒUR DE LION.
GUY DE GISBORNE VENAIT DE REJETER L'ULTIMATUM DU ROI...

Ollivier/Sièvre « ROBIN DES BOIS » © Ed. Vaillant

Peyo « LES SCHTROUMPFS » © Ed. Dupuis

RAND FUT ENCORE UNE FOIS PERPLEXE. EXISTE-T-IL UN ENDROIT OÙ CES GARS-LÀ NE SOIENT PAS CONNUS ? L'ARRIVÉE AU VILLAGE DE LA REINE FITA LE DISTRAYA UN MOMENT....

CAPITAINE CORMORAN !

OUI, LUI !

BIEN ME SOUVENIR !

L'AUTRE FOIS, GRANDE LUTTE.

H. Pratt « CAPITAINE CORMORAN » © Ed. J. Glénat

LE PLAN D'ENSEMBLE (suite)

LE PLAN GÉNÉRAL

En principe, lorsqu'on a présenté une scène dans son plus vaste ensemble, il est temps d'entrer dans le vif du sujet. On va donc tout de suite **attirer l'attention sur les personnages ayant un rôle immédiat à jouer dans l'action, en les isolant du décor.** Ce sera la fonction du **plan général** qui « cadre » donc un groupe de personnes· (ou un personnage isolé...), vus « en pied » **(fig. 63 à 65)**, mais encore dans un certain lointain.

Voir aussi, d'autres exemples de plans généraux : (fig. 102, 118, 119, 127, etc.)

63

Gillon « LES NAUFRAGÉS DU TEMPS » © Humanoïdes associés

64

Bourgeon « LES PASSAGERS DU VENT » © Ed. J. Glénat

65

Peyo « LES SCHTROUMPFS » © Ed. Dupuis

LE PLAN MOYEN

Au moment où l'action proprement dite débute, où l'intrigue commence à se nouer, il faut s'approcher encore des principaux acteurs du drame (ou de la comédie), de façon qu'aucun de leurs jeux de scène n'échappe à l'attention du lecteur. C'est donc le moment de faire appel au **plan moyen, qui isole d'un groupe plus ou moins important de personnages ceux d'entre eux qui sont le plus directement concernés par l'action**. Ceux-ci seront alors cadrés au premier plan de l'image, en pied (**fig. 66**), ou vus à mi-jambes (**fig. 67 à 69**). Le décor où les personnages qui n'ont qu'un rôle secondaire à jouer à ce moment du récit, passent nettement à l'arrière-plan (**fig. 68-70**).

Voir aussi, d'autres exemples de plans moyens : (**fig. 8, 11, 15, 40, 52, 128**)

Gillon « LES NAUFRAGÉS DU TEMPS » © Humanoïdes associés

Harle/Blanc-Dumont « LA RIVIÈRE DU VENT » © Ed. Dargaud

P. Gillon « JÉRÉMIE » © Vaillant

R. Goscinny/A. Uderzo « ASTERIX LE GAULOIS » © Ed. Dargaud

LE PLAN RAPPROCHÉ

Nous voici maintenant en pleine action ! C'est le moment où jamais de prévoir un **plan rapproché**, qui cadrera un ou plusieurs acteurs directement concernés par l'action, en tout premier plan (vus à peu près en buste) (**fig. 71 à 78**).

Ainsi le lecteur se trouvera pour ainsi dire placé **au milieu des personnages (au milieu de la bagarre), témoin direct de l'action**, comme **personnellement concerné** par le désarroi de cette jeune femme (**fig. 73**), et regrettant d'autant plus de ne pouvoir lui porter secours qu'elle est **proche de nous**.

En somme, le plan rapproché est le plus sûr moyen de mettre le lecteur « dans le coup » (et il n'attend que cela !) et de lui faire vivre de près les péripéties du récit...

Voir aussi, d'autres exemples de plans rapprochés : (**fig. 27, 50, 53, 111, 117, etc.**)

H. Pratt « CORTO MALTESE » paru dans Vaillant

Bourgeon « LES PASSAGERS DU VENT » © Ed. J. Glénat

M. Caniff « STEVE CANYON » © K.F.S./Opera-mundi

Gillon « LES NAUFRAGÉS DU TEMPS » © Humanoïdes associés

Walthéry « NATACHA » © Ed. Dupuis

HORREUR ! C'EST LE SCAPHANDRE DE LAURELINE QU'IL VEUT...

Christin/Mézières « VALÉRIAN » © Ed. Dargaud

77

UN ESCLAVE HONNÊTE, QUI SERA RÉCOMPENSÉ POUR SON GESTE, VOUS A DÉNON-CÉS ; IL A SURPRIS VOS COMPLOTS...

R. Goscinny/A. Uderzo « LES LAURIERS DE CÉSAR » © Ed. Dargaud

Morris « LUCKY LUKE » © Ed. Dupuis

78

EH ! LES GARS ! REGARDEZ !

LE GROS PLAN

En principe, c'est en pleine action que les personnages expriment leurs sentiments ou manifestent leurs émotions **avec le plus d'intensité.** C'est donc le moment d'attirer l'attention sur leur visage, vivant miroir de leurs émotions, et donc de faire appel au **gros plan (fig. 79 à 85).**

Plan **expressif** par excellence, le gros plan agit en effet comme un coup de projecteur venant détailler les expressions des personnages au moment où ceux-ci manifestent leurs sentiments ou leurs émotions avec le plus d'intensité : rire, colère, peur, mais aussi expression dédaigneuse, etc., ce qui aura naturellement pour effet d'accentuer immédiatement la **tension dramatique** (ou le comique) de la scène en question. Lorsque les visages des personnages sont plus ou moins figés ou inexpressifs, comme cela se trouve au cours de certaines scènes de dialogues, on aura donc toujours intérêt à présenter ceux-ci en plans plus larges ou à la rigueur en plan rapproché, pour ne faire intervenir les gros plans qu'au moment opportun, lorsque les visages exprimeront vraiment quelque chose (jeux de physionomie, etc.).

En outre, le gros plan viendra souvent à point pour **attirer l'attention** sur une attitude, un geste, un jeu de scène ou encore, sur un détail significatif du décor... à condition que ceci soit véritablement de nature à renforcer l'intensité dramatique (ou le comique) du récit (**fig. 86 à 91**).

Walthéry « NATACHA » © Ed. Dupuis

Caza « SCENES DE LA VIE DE BANLIEUE » © Ed. Dargaud

Gillon « LES NAUFRAGÉS DU TEMPS » © Humanoïdes associés

Harle/Blanc-Dumont « LA RIVIÈRE DU VENT » © Ed. Dargaud

R. Goscinny/A. Uderzo
« ASTERIX LE GAULOIS »
© Ed. Dargaud

84

Greg « ACHILLE TALON » © Ed. Dargaud

85

Comés « SILENCE » © Casterman

86

Vidal/Clavé « L'ILE AUX CHIENS »
© Ed. Dargaud

87

88

91

J. Prentice « RIP KIRBY » © K.F.S./Opera-mundi

89

Bourgeon « LA FILLE SUR LA DUNETTE » © Ed. Glénat

90

R. Durand/P. Sanahujas « LES DIRIGEABLES DE L'AMAZONE »
© Ed. Glénat

LE TRÈS GROS PLAN

Dans le cours du récit, pour peu qu'un personnage manifeste ses sentiments ou ses émotions avec une particulière intensité (peur, menace, joie, perplexité profonde, etc.), il est souvent intéressant de fouiller l'expression de son visage, pour surprendre l'éclair d'un regard ou l'éclat d'un sourire, etc.

C'est donc le moment de faire appel au **très gros plan** qui détaille une partie seulement d'un visage cadré sur la totalité de l'image (**fig. 92 à 99**).

Par exemple, on soulignera ainsi la sévérité d'un regard (**fig. 94**), ici encore accentuée par l'épaisse monture noire des lunettes encerclant l'œil, ou encore, le désarroi ou la perplexité d'un personnage (**fig. 93 - 97**), etc.

Naturellement, on pourra cadrer aussi en très gros plan certains détails du sujet ou du décor, lorsque ceux-ci peuvent avoir pour effet d'expliquer l'action des personnages ou de renforcer encore un peu plus l'intensité dramatique (ou le comique) d'une scène (**fig. 96 - 100**).

Moebius « LA DÉVIATION » © Humanoïdes associés

Falk/Barry « LE FANTÔME » © K.F.S./Opera-mundi

Harle/Blanc-Dumont « LA RIVIÈRE DU VENT » © Ed. Dargaud

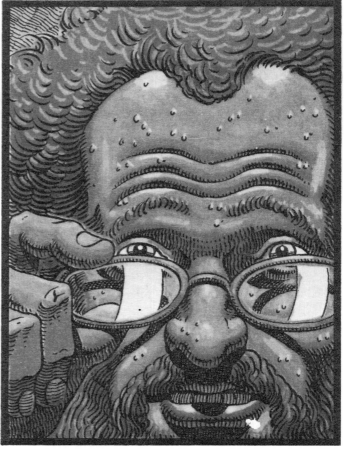

Caza « SCENES DE LA VIE DE BANLIEUE » © Ed. Dargaud

96

Greg/Hermann « **BERNARD PRINCE** » © Ed. du Lombard

98

NON IMPOSSIBLE!
ILS SONT LE MAL
PAR EXCELLENCE;
MATIÈRE NÉE
DE LA MA-
TIÈRE...

99

29A

R. Durand/P. Sanahujas « **LES DIRIGEABLES DE L'AMAZONE** »
© Ed. Glénat

100

Caza « **SCENES DE LA VIE DE BANLIEUE** » © Ed. Dargaud

Bilal « **EXTERMINATEUR 17** »
© Humanoïdes associés

L'AVANT-PLAN

Pour retrouver l'impression de relief auquel il est habitué, l'œil a besoin de s'appuyer sur des plans successifs bien différenciés. C'est pourquoi, lorsqu'une image risque d'apparaître un peu plate, on prévoira souvent de greffer sur le devant de l'image un « gros plan » ou **avant-plan**, qui accrochera le regard et donnera ainsi plus de relief à la composition.

Cet avant-plan sera constitué par un élément emprunté au décor (par exemple, **fig. 101**, un double avant-plan) ou par un véhicule, un animal (**fig. 104**), un ou plusieurs personnages (**fig. 103 - 105**). Il sera évidemment soigneusement choisi et cadré de façon à s'intégrer parfaitement à la composition.

Cependant, l'avant-plan ne devant pas venir masquer l'essentiel du sujet (il ne constitue pas un plan à lui seul), figurera rarement en totalité sur l'image : une partie sera « hors cadre », la seule partie visible étant dite « vue en amorce » (**fig. 103 - 105**).

Mais l'avant-plan n'a pas seulement pour fonction de donner du relief à l'image. C'est aussi de lui que dépendra souvent la **puissance évocatrice** d'une image, son climat, son atmosphère, soit qu'il serve à **dramatiser** celle-ci (**fig. 101, 105, 107**), soit qu'il concoure au contraire à en **détendre** l'atmosphère. Par exemple, un arbre mort, vu en avant-plan d'une image (**fig. 108**) ne créera pas du tout la même atmosphère qu'un oranger en fleurs, vu à la même place). C'est dire avec quel soin un auteur de bandes dessinées soucieux de qualité choisira toujours ses avant-plans, seraient-ils simplement vus « en amorce ».

Greg/Hermann « BERNARD PRINCE » © Ed. du Lombard

Hermann/Greg « COMANCHE » © Ed. du Lombard

R. Goscinny/A. Uderzo « ASTERIX » © Dargaud

Auclair/Deschamp « BRANRUZ » © Casterman

48

105

106 Muñoz/Sampayo « LE SYMPATHIQUE MISTER WILCOX »

Hermann/Greg « AVENTURES A MANHATTAN »
© Ed. du Lombard

107

H. Pratt « CORTO MALTESE » © Casterman

108

Harle/Blanc-Dumont « LA RIVIÈRE DU VENT » © Ed. Dargaud

15. LES ANGLES DE VUE

Les angles de vue, ce sont les différentes façons de présenter le sujet, parfois vu d'en haut (la « plongée »), parfois vu d'en bas (la « contre-plongée ») ou, le plus souvent, vu à l'horizontal (c'est l'angle de vue normal).

Comme les plans, les angles de vue permettent tout d'abord de varier le point de vue sous lequel sera présentée une scène, lorsque celle-ci menace d'être un peu longue, et donc d'en bannir toute monotonie.

Mais, comme les plans, les angles de vue ont aussi chacun **une valeur évocatrice** qui leur est propre, permettant de **traduire en images** un certain nombre d'idées que les seuls plans* ne pourraient traduire expressivement.

Cela vaut qu'on s'y arrête...

Gillon « LES NAUFRAGÉS DU TEMPS » © Humanoïdes associés

L'ANGLE DE VUE NORMAL

C'est l'angle de vision sous lequel est vue une scène lorsqu'on se trouve plus ou moins **au niveau du sujet** pour observer celui-ci (**fig. 109 à 111**), ce qui correspond à notre vision **naturelle et objective** des choses dans la plupart des circonstances de la vie : c'est donc l'angle de vue qu'on trouvera en principe le plus souvent dans le cours d'une bande dessinée.

Le fait de présenter le sujet sous un angle de vision « naturel » ne signifie d'ailleurs pas que l'image doit être pour autant **banale**... Par le biais de la composition* ou d'un avant-plan (*) bien choisi, etc., un bon créateur de bandes dessinées s'arrangera, au contraire, pour donner toujours beaucoup de vie aux images qui seront vues sous cet angle (**fig. 101, 102, 63, 64, etc.**).

Greg « ACHILLE TALON » © Ed. Dargaud

H. Pratt « SOUS LE SIGNE DU CAPRICORNE » © Ed. Casterman

LA VUE EN PLONGÉE

La « plongée », c'est-à-dire toute scène vue d'un point d'observation plus élevé que le sujet : d'une montagne, d'un toit d'une maison, etc. (à moins qu'on se place sur une hauteur **supposée** pour observer la scène), est un angle de vue qui trouve quantité d'applications dans la bande dessinée.

Tout d'abord, elle permet de décrire, en un seul plan, de vastes décors, paysages, foules, etc., qui peuvent être ainsi saisis dans toute leur étendue, jusque dans leurs plans les plus lointains (**fig. 59, 119**), ce qui permet de situer parfaitement la place qu'occupent les différents personnages dans le décor, et de donner une bonne idée de leurs **mouvements** ou **déplacements** sur le terrain. Voyez, par exemple, comme un **mouvement d'encerclement** est ici parfaitement rendu par la vue en plongée (**fig. 112**).

Mais la plongée a surtout, comme tous les cadrages plus ou moins subjectifs, une valeur « psychologique » qui lui est propre. Par le jeu de la perspective, les personnages vus en plongée paraissent en effet toujours plus ou moins **diminués**, comme **écrasés** sur le sol, d'où l'idée **d'infériorité** que suggère toujours ce genre de cadrage. Et ceci, d'autant plus que la plongée sera accentuée et proche de la verticale.

En principe, toute scène présentant des personnages en **état d'infériorité** : esclavage, domination, défaite, solitude, **accablement physique ou moral**, menaces **pesant** sur un personnage, **dont celui-ci n'a pas conscience** (**fig. 112, 114, 115**), etc., ne sera donc jamais si bien rendue qu'avec une vue en plongée. Voyez, par exemple, comme un héros, habituellement triomphant mais provisoirement en difficulté, se trouve ici **infériorisé** par une simple vue en plongée intervenant au moment opportun (**fig. 116**). Ou encore, comme cet autre personnage, pénétrant dans un impressionnant sanctuaire, se trouve parfaitement « mis en situation » par une vue en plongée qui le **réduit** aux dimensions d'un misérable être humain confronté à une chose qui le dépasse (**fig. 113**).

Naturellement, une fois que l'idée d'infériorité aura été suggérée par une ou deux vues en plongée, on pourra passer à des angles de vue plus normaux : il en restera toujours quelque chose dans l'esprit du lecteur. N'oublions jamais qu'un effet n'est jamais bon lorsqu'il est trop appuyé.

112

R. Goscinny/A. Uderzo « LES LAURIERS DE CÉSAR » © Ed. Dargaud

113

B. Dufossé « BATAILLE POUR STAROTH » © Ed. J. Glénat

114

Lambil/Cauvin «LES TUNIQUES BLEUES» © Dupuis

H. Pratt « **CAPITAINE CORMORAN** » © Ed. J. Glénat

116

117

B. Hogarth « **TARZAN** » © U.F.S./UPI

Bourgeon « **LA FILLE SUR LA DUNETTE** » © Ed. Glénat

... jamais une « plongée » n'aura aussi bien mérité son nom !

Hermann/Greg « AVENTURES A MANHATTAN » © Ed. du Lombard

Harle/Blanc-Dumont « LA RIVIÈRE DU VENT » © Ed. Dargaud

Gillon « LES NAUFRAGÉS DU TEMPS » © Humanoïdes associés

LA VUE EN PLONGÉE (suite)

LA VUE EN CONTRE-PLONGÉE

La « contre-plongée », c'est-à-dire toute scène vue d'un point d'observation se situant plus bas que le sujet, possède évidemment une valeur psychologique exactement contraire à celle de la plongée. Par l'effet de la perspective, les personnages ou les architectures qui sont vus en contre-plongée, paraissent en effet plus grands, plus **impressionnants** que nature. D'où l'impression de **majesté**, de **supériorité** ou de **puissance** (**fig. 125**) que donnent toujours les personnages (ou les architectures) qui sont vus sous cet angle. Cette impression sera évidemment d'autant plus forte que la contre-plongée sera accentuée.

En somme, si la vue en plongée est un angle de vue qui suggère très bien la défaite, la contre-plongée est, à l'inverse, l'angle qui exprimera le mieux l'idée de **victoire**, de **domination** (**fig. 122, 124**) et tout ce qui s'en suit : la **menace** (**fig. 122**), l'**arrogance**, le **mépris** (**fig. 123**) (ne dit-on pas d'un être méprisant qu'il regarde son monde « de toute sa hauteur » ?), etc.

Toutefois, les « contre-plongées » (comme d'ailleurs la plongée) sont des angles de vue difficiles à réaliser sans une parfaite connaissance de la perspective (*) (leur effet psychologique étant en effet directement dépendant d'un effet de perspective réussi). Mais cela s'apprend.

121

Gillon « LES NAUFRAGÉS DU TEMPS » © Humanoïdes associés

122

aza « SCÈNE DE LA VIE DE BANLIEUE » © Ed. Dargaud

123

A. Williamson/A. Goodwin « AGENT X9 » © K.F.S./Opera-mundi

125

D. O'Neil/N. Adams/D. Giordano « BATMAN » © National Periodical Public. Inc.

124

P. Gillon « JÉREMIE » © Vaillant

55

LE « CHAMP-CONTRE-CHAMP »

Le « champ-contre-champ » (encore une expression empruntée au cinéma) ne constitue pas un angle de vue à proprement parler, mais seulement une certaine façon d'associer deux angles de vue immédiatement l'un à la suite de l'autre.

Le « champ », c'est tout simplement l'ensemble d'une scène vue sur une image (quel que soit le plan ou l'angle de vue choisi). Le « contre-champ » sera donc la vision immédiate du même sujet **vu dans le sens diamétralement opposé**. Autrement dit, tout ce qui est vu de face dans le champ (un personnage, par exemple) sera vu de dos dans le contre-champ qui suivra (**fig. 127 à**

130). De même, le contre-champ naturel d'une vue en plongée, ce sera évidemment... la vue en contre-plongée du même sujet !

Cette façon de présenter une scène, alternativement d'un côté puis de l'autre, constitue évidemment un bon moyen de varier le point de vue sous lequel on regarde une scène lorsque celle-ci menace d'être un peu monotone (une scène de dialogue, par exemple), puisque le contre-champ présentera un décor obligatoirement tout différent de celui qui était vu dans le champ : ceci suffira à renouveler totalement l'intérêt de l'image (**fig. 127**).

Christin/Mézières « VALERIAN. Métro Châtelet, direction Cassiopée » © Ed. Dargaud

Hergé « TINTIN : on a marché sur la lune » © Casterman

De même, lorsque deux personnages se trouvent sur une image, l'un vu de face, l'autre vu de dos, le contre-champ donnera la possibilité de présenter de face celui qui était précédemment vu de dos, et inversement (**fig. 128**), ce qui permettra de s'intéresser tour à tour à leurs jeux de physionomie.

Mais le « champ-contre-champ » permet de réaliser aussi des effets parfois spectaculaires :

par exemple, on pourra laisser planer un doute sur la nature exacte d'un événement (un personnage voit une chose que le lecteur ignore encore) et ce n'est que le contre-champ qui dévoilera la scène jusqu'ici restée caché. Si celle-ci est toute différente de ce que le lecteur avait imaginé, ce sera même l'occasion d'un bon gag* ou d'un surprenant coup de théâtre* (**fig. 129**).

129

E. Paape/A.P. Duchateau « YORIK DES TEMPÊTES » © Ed. du Lombard

130

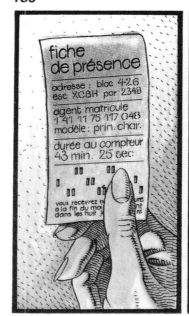

Caza « SCENES DE LA VIE DE BANLIEUE » © Ed. Dargaud

16. LES CADRES

Contrairement à l'écran cinématographique dont les dimensions restent fixes durant tout le temps d'une projection, la surface des images de bandes dessinées (la « case ») peut varier au cours d'un même récit, s'étirer à volonté en largeur ou en hauteur pour présenter un vaste décor, puis rétrécir aussitôt après pour mieux cerner l'expression d'un visage, etc. Chaque « plan » sera ainsi parfaitement mis en valeur à tout moment du récit. Devra-t-on, par exemple, donner **visuellement** une idée de vertige ? Alors, on choisira le plan **mais aussi le cadre** qui suggérera **dynamiquement** cette idée, et il est probable qu'on choisira un cadre vertical (**fig. 138**) et ainsi de suite : **chaque cadre sera taillé à la mesure de chaque plan**, en fonction du **dynamisme** qu'on veut lui donner.

LE CADRE HORIZONTAL

La plupart des scènes, décors ou paysages qu'on trouve dans la bande dessinée, s'ils ne présentent pas un très vaste panorama, seront géné-ralement bien « cadrés » dans des cases de dimensions moyennes, plus ou moins rectangulai-res. En revanche, si le sujet ou la composition générale de l'image se caractérise par **un étalement franchement horizontal** : une plaine, une vue maritime, une course poursuite (**fig. 136**), une foule en cortège, etc., et qu'on désire garder au sujet tout son caractère et le montrer dans toute son étendue, naturellement on choisira le **cadre horizontal**, l'équivalent de l'écran « cinémascope ». Evidemment, plus le cadre s'étirera en longueur, plus l'impression d'étalement sera forte.

Si besoin est, on pourra même accentuer encore cette impression en réduisant le cadre dans le sens de la hauteur (**fig. 108**).

En outre, pour peu que le sujet ou les personnages soient vus dans le lointain, réduits aux dimensions du décor, ce genre de « cadrage » donnera toujours une impression de **solitude** ou **d'isolement** qu'aucun autre cadrage ou commentaire écrit ne saurait traduire aussi expressivement (**fig. 131-134**).

131

R. Lecureux/G. Forton « TEDDY TED » © Vaillant

132

Morris « LUCKY LUKE » © Ed. Dupuis

133

Harle/Blanc-Dumont « **LA RIVIÈRE DU VENT** » © Ed. Dargaud

134

C'EST VRAI, IL Y A UN BA-
TEAU QUI SEMBLE ÉNORME.

VOUS ALLEZ POUVOIR RENTRER
CHEZ VOUS SANS PROBLÈMES,
RAND ! NOUS AVONS EU UNE
BELLE AVENTURE !

135

EUX !

H. Pratt « **CAPITAINE CORMORAN** » © Ed. J. Glénat

136

PREMIER PASSAGE !
QUATRE VOITURES ONT
DÉJÀ CREUSÉ L'ÉCART,
DANS L'ORDRE : MICHEL,
SUIVI DE DEUX ALFA-
ROMEO ET DE LA VAIL-
LANTE D'YVES DOULÉAC.

J. Graton « **MICHEL VAILLANT** » © Casterman

Quelle affaire !
Sale métier !
Toujours plus difficile
de travailler et de res-
ter en vie dans
cette ville !

137

Giardino « **LES ENQUÊTES DE SAM PEZZO** » © Ed. J. Glénat

59

LE CADRE VERTICAL

Plus ou moins allongé en hauteur, c'est le cadre idéal pour présenter dynamiquement, sans les dénaturer, tous les sujets dont les lignes naturelles se rapprochent plus ou moins de la verticale : paysages de montagne, abîmes, architectures, ruelles étroites, etc. (**fig. 138, 142**).

De même, toutes les scènes d'action se caractérisant par le déplacement du sujet à la verticale : ascension, escalade, chutes, envol ou projection d'engins ou d'objets divers, etc., seront toujours plus **dynamiquement** et **expressivement** mises en valeur lorsqu'elles seront vues dans un cadre vertical.

En principe, plus le cadre s'étirera en hauteur (jusqu'à atteindre parfois toute la hauteur d'une page (**fig. 138**) et plus il sera étroit en largeur, plus l'effet sera impressionnant.

138

...MAIS C'EST HEUREUX D'AVOIR MISE JUSTE QU'IL COMMENÇA L'ESCALADE.

RAHAN N'ARRIVERA JAMAIS LÀ-HAUT AVANT LA NUIT !

R. Lecureux/A. Chéret « RAHAN » © Vaillant

139

Tardi « ADIEU BRINDAVOINE » © Casterman

140

R. Goscinny/A. Uderzo « ASTERIX » © Ed. Dargaud

141

ET SOUDAINEMENT L'ORGUEILLEUX NÉGRIER EST PUISSAMMENT SOULEVÉ VERS LE CIEL —

P. Gillon « JÉRÉMIE » © Vaillant

142

BERNARD A RÉCUPÉRÉ LE VRAI GERDELSOHN, IL ME L'A DIT AU TÉLÉPHONE ! ON FERA L'ÉCHANGE COMME CONVENU, DANS LES COULISSES, JUSTE AVANT LA CONFÉRENCE !

BRAVO ! ALLONS-Y TOUT DE SUITE !

Hermann/Greg « AVENTURES A MANHATTAN » © Ed. du Lombard

LE CADRE VERTICAL (suite)

Bourgeon «LES PASSAGERS DU VENT» © Glénat

LE CADRE RECTANGULAIRE OU CARRÉ

C'est le type de cadre qu'on rencontre le plus souvent dans une bande dessinée, sous des dimensions qui peuvent beaucoup varier d'une image à l'autre selon les nécessités du récit et le type de plan choisi.

En principe, les plans d'ensemble ou les plans généraux, qui présentent par définition de nombreux détails, seront toujours plus « lisibles » s'ils s'inscrivent dans des cadres de bonne dimension (**fig. 143**), alors que les plans rapprochés, gros plan ou très gros plans, qui sont naturellement moins détaillés, pourront venir s'inscrire dans des cadres relativement plus étroits sans que leur lisibilité en souffre (**fig. 145/146**).

144

Gillon « LES NAUFRAGÉS DU TEMPS »
© Humanoïdes associés

145

Walthéry « NATACHA » © Ed. Dupuis

147

Bourgeon « LES PASSAGERS DU VENT » © Ed. J. Glénat

146

R. Goscinny/A. Uderzo « ASTERIX »
© Ed. Dargaud

148

Lambil/Cauvin « LES TUNIQUES BLEUES » © Ed. Dupuis

CADRES DIVERS

Au cours du récit, lorsqu'on veut **attirer l'attention** du lecteur sur un jeu de scène ou de physionomie, un geste, une attitude particulièrement intéressants, on fera généralement appel à un gros plan*. Toutefois, il peut se trouver qu'on désire distinguer tout particulièrement ce plan de ceux qui le précèdent ou qui le suivent. Ce sera alors le moment de faire appel à certains cadres de forme **inattendue**, tel le cadre en diagonale, ou mieux : le **cadre circulaire** qui **cernera** le sujet de plus près. Survenant dans une sage succession de cadres rectangulaires ou carrés, le cadre circulaire surprendra en effet le lecteur, réveillera son attention, l'obligeant ainsi à s'intéresser tout particulièrement au sujet qui s'y trouve inscrit. Le but sera atteint (**fig. 150/152**).

En outre, s'il vient s'intégrer à une autre image, le cadre circulaire (ou carré) offre la possibilité de présenter tout à la fois une action (sur l'image principale) et un détail de cette action (dans l'image intégrée). Cela aura généralement pour effet de **concentrer l'intérêt** sur un espace assez réduit, et donc de donner plus **d'intensité dramatique** (ou comique) à la scène ainsi présentée (**fig. 149, 150, 151, 155**).

Le même procédé permet également de présenter sur une seule image, deux scènes quelquefois très éloignées l'une de l'autre dans l'espace ou le temps (**fig. 153**). Par exemple, deux scènes se déroulant au même moment dans des lieux différents (narration parallèle), ou bien encore, un personnage sera vu dans le cadre principal et, dans le cadre intégré : une scène visualisant ses pensées, ses souvenirs, etc. (**fig. 269**).

149

Bourgeon « LES PASSAGERS DU VENT » © Ed. J. Glénat

150

J. Prentice « RIP KIRBY » © K.F.S./Opera-mundi

64

151

Tardi « ADIEU BRINDAVOINE » © Casterman

152

B. Hogarth « DRAGO » © B. Hogarth

153

J. Prentice « RIP KIRBY » © K.F.S./Opera-mundi

CADRES DIVERS

154

Godard/Ribera « **LA GUERRE DES BOUKES** » © Ed. Dargaud

155

R. Durand/P. Sanahujas « **LES DIRIGEABLES DE L'AMAZONE** »
© Ed. Glénat

DEUXIÈME PARTIE

LA NARRATION PAR L'IMAGE

1. LES ENCHAINEMENTS DE PLANS

Nous connaissons maintenant le vocabulaire essentiel de la bande dessinée : ces fameux « plans », « angles de vue » et « cadrages » qui remplacent les mots lorsqu'on veut s'exprimer en images...

Seulement, il faut dépasser maintenant le mot-à-mot, l'image par image, il faut aligner les mots, — les plans —, pour former des phrases, — des scènes, des séquences —, cohérentes, traduisant le plus **clairement** et le plus **expressivement** possible ce que nous voulons exprimer. Mais comment donc allons-nous procéder ?

Une chose est certaine : un bon auteur de bandes dessinées n'aligne jamais ses plans (ses mots) au hasard. Il les enchaîne et les associe (comme l'écrivain enchaîne les mots) en tenant toujours compte de leur **valeur** respective.

Expliquons-nous. Une histoire (mais aussi chaque scène ou séquence de cette histoire) sous-entend toujours une **progression dramatique** (ou comique) sans laquelle le récit manquerait totalement d'intérêt. En principe, pour donner l'idée de cette progression dramatique, nous allons donc enchaîner les plans en **valeur croissante**, du **plan d'ensemble*** (essentiellement descriptif) au plan général puis au plan moyen, pour finir par les plans rapprochés et les **gros plans*** qui correspondent en effet aux **moments forts** du récit, quand les personnages expriment leurs émotions avec le plus d'intensité (**fig. 156**).

En somme, **la progression des plans suivra de très près la progression dramatique du récit** : elle sera comme « calquée » sur cette dernière. Y a-t-il un répit dans l'action ? On reviendra alors à des plans descriptifs plus généraux (plan d'ensemble, plan moyen, etc.). Mais voici que l'intrigue, de nouveau, se tend. Alors on progressera de nouveau, de l'ensemble au particulier, pour aller détailler par de nouveaux gros plans ce qu'il y a de plus intéressant à voir dans cette nouvelle action : un geste, une attitude ou un jeu de physionomie, etc.

En voici un exemple, limpide (**fig. 163**) : la **montée** d'une des colères dont le capitaine Haddock est coutumier se trouve tout naturellement traduite en images par une **progression** (une montée) des plans, allant du plan moyen au gros plan qui marque le moment où le personnage exprime ses sentiments avec le plus d'intensité (voir le graphisme du texte). Mais, tout de suite après, sa colère **tombe-t-elle** quelque peu et, pour traduire visuellement cette **chute de tension** dans le récit, l'auteur **revient tout naturellement au plan moyen initial, moins expressif, moins « dramatique » que le plan qui précède**. Un chef-d'œuvre dans le genre (voir aussi **fig. 164**).

L'enchaînement des plans en valeur croissante, de l'ensemble au particulier (il faut d'abord décrire les lieux avant de nouer l'intrigue, d'abord présenter les personnages avant de les faire agir ou s'exprimer), constitue, en somme, **l'ossature** obligatoire de toute scène ou séquence d'une histoire racontée en images. Ce sera donc l'enchaînement de plans qu'on trouvera, plus ou moins en filigrane, le plus souvent dans le cours d'une bande dessinée (1).

Néanmoins, ce n'est quand même qu'une ossature : une trame solide qui assurera le maintien du tout sur laquelle chaque auteur viendra ensuite broder des motifs d'une infinie variété : les plans s'enchaîneront alors et s'associeront dans un ordre beaucoup plus dispersé, en fonction du sujet traité, du **rythme** qu'on veut lui donner ou de **l'ambiance** qui sera recherchée (**fig. 157, 158, 159**).

Ainsi verra-t-on, par exemple, **lorsque ceci se trouvera motivé par l'intrigue** :

— **Des successions de plusieurs plans d'ensemble**, pour décrire plus longuement un décor qui en vaut la peine ou pour créer une ambiance. Par exemple, comme ici, pour exprimer très subtilement, la **lente** dissipation de la brume sur une calme vallée (**fig. 171**).

— **Des successions de plusieurs plans moyens ou rapprochés**, qui permettront de suivre de près l'action d'un personnage sans être distrait par le décor (**fig. 171 bis**).

— **Ou bien encore, plusieurs gros plans se succédant**, pour détailler plus longuement les jeux de physionomie d'un personnage (**fig. 160**).

— **D'autres fois, on progressera vers le sujet en plans croissants, ou on s'en éloignera en plans décroissants**, pour réaliser des effets de lent « travelling » avant ou arrière (**fig. 172/169**).

— **Ou bien, lorsque l'avancée vers le sujet sera plus brutale** (on passe, en peu d'images, d'un plan général à un gros plan), on provoquera de spectaculaires et dynamiques effets de « zoom » (**fig. 166**).

---

(1) La progression logique des plans telle qu'on la trouve dans les bandes dessinées (comme dans les films cinématographiques) correspond d'ailleurs très exactement **au phénomène naturel de la vision chez l'Homme**. Lorsqu'il se pose sur un décor qu'il ne connaît pas, l'œil commencera toujours par envisager la scène **dans son ensemble**, avant d'aller, par « mises au point » successives de plus en plus précises, se fixer sur les **détails** de la scène qui l'auront le plus excité. Naturellement, plus ces détails seront intéressants (insolites, etc.), plus vite se fera la « mise au point » de l'œil en leur direction (et, dans une bande dessinée, plus vite se fera le passage du plan d'ensemble au gros plan).

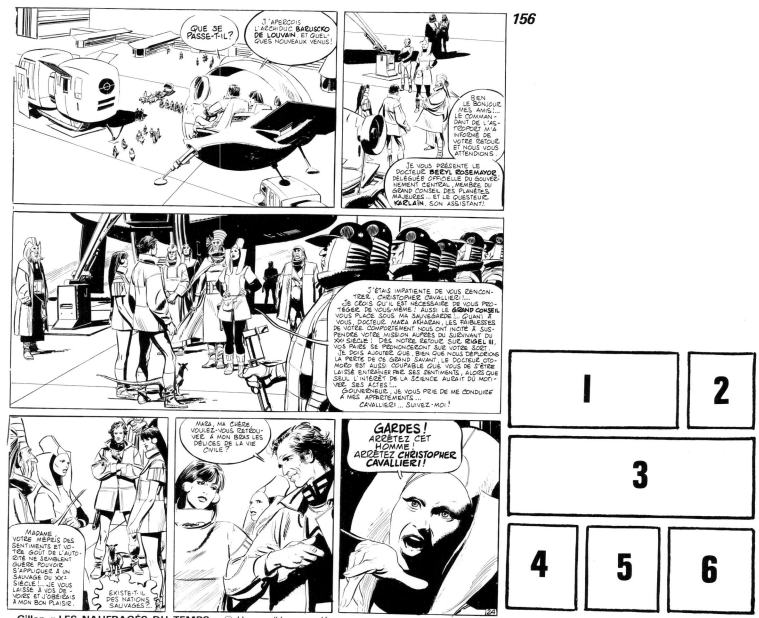

Gillon « **LES NAUFRAGÉS DU TEMPS** » © Humanoïdes associés

UN BON EXEMPLE D'ENCHAÎNEMENT DES PLANS :

— *Lorsque l'action se déplace d'un décor à l'autre, un* **plan d'ensemble** *commence par décrire le nouveau lieu de l'action (case I).*

— *Puis vient le* **plan général** *qui fixe notre attention sur le groupe de personnages les plus directement concernés par l'action. Ici, une succession de deux plans généraux (cases 2 et 3) rendus nécessaires par l'importance des dialogues : le premier plan général est vu en plongée (*), ce qui assure la transition* **en souplesse** *entre le plan d'ensemble, vu également en plongée, et l'angle de vue normal sous lequel est vu le second plan général. Subtil !*

— *Puis un* **plan moyen** *(case 4) isole du groupe les personnages ayant maintenant un rôle prépondérant à jouer dans l'histoire. A noter que ce plan est vu en parfait « contre-champ » du précédent : les deux héros de l'histoire, vus de dos sur le plan général sont vus de face sur*

le plan moyen, **lorsqu'ils prennent la parole.** *Ainsi, toute monotonie dans la succession d'images a été évitée. En outre, l'auteur nous invite de cette façon à nous intéresser plus particulièrement aux personnages qui vont jouer maintenant un rôle essentiel dans l'action.*

— *Le* **plan rapproché** *suivant (case 5) confirme les intentions de l'auteur : il isole du groupe les deux personnages sur lesquels il veut que nous concentrions toute notre attention.*

— *Enfin, un* **gros plan** *(case 6) intervient tout naturellement lorsqu'un personnage manifeste ses sentiments (ici, la colère) avec une certaine intensité. A noter que le personnage vu en gros plan est déjà entrevu à l'arrière-plan de l'image qui précède. Ainsi la transition entre les deux plans (5 et 6) se fait-elle très* **en souplesse** *: le gros plan n'arrive pas « comme un cheveu sur la soupe » dans la succession d'images. Il a été discrètement préparé dans le plan précédent. Du grand art !*

— Si besoin, on retardera la mise en place du plan d'ensemble descriptif qui débute en principe toute séquence (il faut situer les personnages dans le décor), pour laisser planer un **doute**, une **incertitude** sur le lieu précis où se situe l'action (à condition, bien entendu, que ceci soit prévu au scénario).

— Quelquefois, le plan d'ensemble sera même carrément rejeté à la fin de la séquence, et sa découverte, en dernier lieu, — **différent de ce qu'on imaginait** —, constituera un véritable coup de théâtre*.

Dans la bande dessinée comique, le même procédé aboutira souvent à un bon gag* (on découvrira un décor tout différent de ce qu'on nous avait laissé **prévoir**, ce qui déclenchera le rire (**fig. 225**).

— Enfin, signalons la tendance qui conduit aujourd'hui certains auteurs à négliger plus ou moins l'enchaînement logique des plans : la page entière se présente alors comme « éclatée ». Les cadres se répartissent sur sa surface dans un ordre plus ou moins dispersé, se chevauchant parfois, ou s'organisant autour d'un thème central.

C'est un genre intéressant, qui se veut « reportage dessiné », librement interprété, et qui peut atteindre une grande beauté plastique. Mais c'est aussi un procédé qui manque un peu de rigueur dans la narration, ce qui n'est pas sans inconvénient lorsqu'on traite certains sujets où il faut que le lecteur soit au contraire solidement « tenu en main » par le narrateur, comme par exemple : certains sujets dramatiques, les aventures policières, le « suspense »*... De préférence, on réservera donc le procédé de la page « éclatée » aux scènes ou séquences (d'ambiance ou d'action) qu'on veut marquer d'un certain « lyrisme ».

L'un dans l'autre, on voit que l'auteur de bandes dessinées ne manque pas de solutions pour exprimer ses idées en images, avec toutes les nuances voulues. Cependant, il est encore une chose dont il doit tenir compte lorsqu'il enchaîne et associe les différents « plans » de son histoire : c'est le **rythme** qu'il veut donner aux différentes scènes ou séquences qu'il a imaginées...

157

158

J.M. Charlier/J. Giraud « CHIHUAHUA PEARL » © Ed. Dargaud

R. Leloup « YOKO TSUNO : les 3 soleils de Vinéa » © Ed. Dupuis

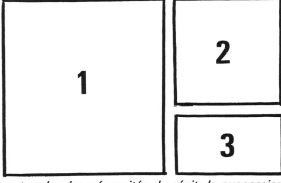

*Naturellement, selon les nécessités du récit, la succession normale des plans peut donner lieu à d'infinies variations (pourvu que celles-ci soient parfaitement motivées). Ici, par exemple, le récit débute normalement par un **plan d'ensemble** (case 1), immédiatement suivi par un **plan général** comme d'usage (case 2). Mais ensuite, on passe aussitôt à un **gros plan** (case 3) qui nous fait entrer rapidement dans le vif du sujet, sans passer par le plan moyen et le plan rapproché. Ceux-ci en effet ne se justifiaient pas à cette place puisqu'il n'y a qu'un seul personnage en scène et que le texte est réduit au minimum : ces plans n'auraient donc fait qu'allonger inutilement la scène, sans rien lui apporter d'expressif.*

▲

Chez un autre auteur, le même enchaînement de plans, cadrés un peu différemment, à l'horizontale.

Caza « SCENES DE LA VIE DE BANLIEUE » © Ed. Dargaud

*Ici, comme d'habitude, un **plan d'ensemble** commence par décrire le décor (case 1). Mais le plan général qui, dans ce cas, ne se justifiait pas, a été supprimé au profit de la succession logique d'un **plan moyen** (case 2) puis d'un **plan rapproché** (case 3), immédiatement suivi de deux autres plans moyens (cases 4 et 5). En revanche, pas de **gros plan** pour achever la succession d'images : celui-ci en effet ne se justifiait pas à cette place puisque les personnages ne manifestent encore, à ce moment du récit, aucune émotion particulière digne d'être soulignée par un tel plan (mais cela viendra). L'accumulation inconsidérée de gros plans dans une succession d'images (ceux-ci « font bien »... et ils demandent deux ou trois fois moins de travail que l'exécution d'un plan d'ensemble ou un plan général) est une tentation à laquelle un bon auteur de bandes dessinées saura en effet toujours résister. Ainsi, les gros plans vraiment motivés ne se trouveront pas perdus au milieu d'un trop grand nombre de gros plans « au chiqué » et garderont intacte leur **force expressive** : l'effet de choc « psychologique » qu'ils doivent en principe produire ne se trouvera pas émoussé par avance.*

Naturellement, une accumulation de gros plans se trouvera quelquefois parfaitement justifiée. Comme ici, par exemple, lorsqu'il s'agira de détailler les jeux de physionomie d'un personnage...

Hergé « **TINTIN : l'étoile mystérieuse** » © Casterman

*... ou encore, lorsqu'il s'agira de présenter en gros plans plusieurs personnages exprimant leurs sentiments, dans le même espace de temps. Enfin, pour décrire la **réaction** d'un ou plusieurs personnages aux sentiments d'un autre personnage venant de s'exprimer lui-même en gros plan.*

LES ENCHAINEMENTS DE PLANS (suite)

162

Caza « SCENES DE LA VIE DE BANLIEUE » © Ed. Dargaud

163

Hergé « TINTIN : le crabe aux pinces d'or » © Casterman

164

F. Walthéry « NATACHA. La mémoire de Métal » © Ed. Dupuis

*Pour traduire très expressivement **la montée** de l'émotion ou des sentiments qui habitent leur personnage (de haut en bas, l'étonnement profond, la colère, l'épouvante), trois bons auteurs ont tous trois instinctivement choisi le moyen le plus efficace : la **progression** logique des plans, d'un plan éloigné au gros plan ou au très gros plan, suivant de près l'expression du sentiment jusqu'à son maximum d'intensité. Dynamique ! Notons aussi, dans les deux derniers cas, **le retour à un plan moyen dès que l'émotion retombe un tant soit peu**. Du très grand art !*

Christin/Mézières « VALÉRIAN : sur les terres truquées » © Ed. Dargaud

*Un vaste **plan d'ensemble** (le décor à l'arrière-plan) s'étalant sur trois cases, associé à trois plans progressifs donnent ici aussi l'illusion de la **progression** naturelle de la troupe de cavaliers dans le décor.*
La progression des cavaliers paraît lente, notons-le, moins parce que les chevaux sont au pas que parce que les plans sont relativement larges (plan d'ensemble, plan général, plan moyen).

D. O'Neil/N. Adams/D. Giordano « BATMAN » © National Periodical Public. Inc.

*En revanche, si on utilise des plans progressifs plus « serrés » (en partant par exemple d'un plan général pour en arriver **rapidement** au gros plan), **en un même nombre d'images**, le mouvement paraîtra toujours plus **rapide** (ici, un rapide effet de « zoom » sur le sujet).*

LES ENCHAINEMENTS DE PLANS (suite)

167

Franquin « GASTON LAGAFFE » © Ed. Dupuis

Utilisé dans la bande dessinée comique, l'enchaînement logique des plans possède les mêmes vertus expressives. Ici, un **plan moyen** puis un **plan rapproché** conduisent naturellement à un **gros plan** lorsque le héros de l'histoire exprime son contentement avec le plus d'intensité. C'est d'ailleurs de ce plan que va dépendre **l'efficacité du gag*** qui se prépare déjà (la gaffe de Gaston paraîtra tout à l'heure d'autant plus énorme que le personnage aura **visiblement** et **intensément** manifesté préalablement son contentement par l'entremise de ce **gros plan** préparatoire). Comme quoi, dans une bande dessinée de qualité, les plans n'interviennent jamais « par hasard » dans la succession d'images...

168

Brant/Parker « WIZARD OF ID » © Publishers hall Syndicate/Graph-Lit.

Un exemple à peu près identique : en temps opportun, un **gros plan** vient mettre **en évidence** le personnage qui jouera le rôle essentiel dans le gag* final...

169

Mandryka « LE RETOUR DU CONCOMBRE MASQUÉ » © Ed. Dargaud

Contrairement à la progression « crescendo » des plans qui a pour but de **mettre en avant** un personnage, un enchaînement de plans « decrescendo » exprimera très expressivement **l'effacement** d'un personnage, sa solitude, etc.

170

D. Collins « PERISHERS » © Syndicat Internat./Graph-Lit.

*Original ! Une **vue d'ensemble** du décor s'étalant sur trois cases, fort habilement combiné avec trois plans progressifs des personnages, vus d'abord dans le lointain puis en plan général et enfin en plan moyen ou rapproché, donnera toujours l'illusion de leur déplacement naturel dans le décor.*

171

Servais/Dewamme « TENDRE VIOLETTE » © Casterman

J.M. Charlier/J. Giraud « Lt BLUEBERRY : Général Tête Jaune »
© Ed. Dargaud

**LES ENCHAINEMENTS
DE PLANS (suite)**

Bazzoli/Caza « L'OISEAU-POUSSIÈRE » © Humanoïdes associés

Bilal « EXTERMINATEUR 17 » © Humanoïdes associés

Trois plans « decrescendo » (plan moyen, plan général, plan lointain), **vus sous le même angle,** *produisent ici l'effet d'un lent* **travelling arrière** *achevant le récit très en souplesse, un peu nostalgiquement...*

173

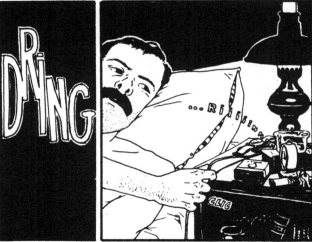

Giardino « LES ENQUÊTES DE SAM PEZZO » © Ed. J. Glénat

Ici, une succession de trois **plans rapprochés** *commence inhabituellement le récit. L'auteur a fort justement pris parti de s'intéresser de près au lever de son héros plutôt qu'au décor de la chambre (le sacro-saint « plan d'ensemble » qui débute en principe toute scène) qui n'en valait probablement pas la peine : les trois plans rapprochés sont en effet ici suffisamment* **expressifs** *pour que nous n'ayons aucun doute sur le lieu où se situe l'action. Comme quoi, toutes les variations de plans sont possibles dans une bande dessinée pourvu qu'on s'applique à leur trouver un* **juste équivalent.**

SCÈNES D'ATMOSPHÈRES ET SCÈNES D'ACTION

Toute bande dessinée est nécessairement composée de scènes différentes selon les moments du récit, que nous pouvons classer, grosso modo, en trois catégories :

— **Les scènes d'atmosphères**, auxquelles s'apparentent certaines scènes de dialogues, qui se caractérisent par un rythme plutôt lent.

— **Les scènes de mouvement**, déjà plus animées.

— **Les scènes d'action**.

Chaque scène ayant, évidemment, son propre rythme : le combat de deux armées est naturellement plus **mouvementé** que la dispute entre deux voisins...

Mais comment traduire ceci dans une bande dessinée ?

Comment suggérer **visuellement** le dynamisme intrinsèque de chaque scène ? Comment, par exemple, traduire en images la **confusion** ou la **fureur** d'une bataille ou, au contraire, la **monotonie** et la **lenteur** d'un interminable voyage ? Et ceci, sans faire appel à un de ces ennuyeux commentaires, du genre : « La bataille s'engagea. Ce fut une mêlée furieuse et confuse. », qui ne font que casser le rythme du récit sans rien lui apporter d'expressif en retour.

Au fond, c'est assez simple : on va parler une fois de plus avec les images, prévoir différents assemblages de « plans » (un « montage », au fond assez semblable au montage cinématographique), correspondant très précisément au rythme que l'on désire donner à chaque scène ou séquence. Ainsi, au cours d'une bande dessinée, nous rencontrerons tantôt un montage lent, correspondant aux moments calmes du récit, tantôt un montage plus « nerveux » qui correspondra aux scènes d'action.

LES SCÈNES D'ATMOSPHÈRE

Les scènes d'atmosphère se caractérisent généralement par une action réduite, donc par un rythme plutôt lent. En principe, elles seront donc bien rendues **par une succession de plusieurs plans larges (plans d'ensemble, plan général...) s'inscrivant de préférence dans les cadres de bonne dimension : l'œil, obligé de détailler assez longuement chacun de ces plans, ira donc lentement** d'une image à l'autre, **sans être agressé** par des plans trop expressifs (plan rapproché, gros plan), et se trouvera ainsi tout naturellement soumis au **rythme lent** qu'on désirait précisément lui suggérer (**fig. 174**).

En principe, un tel montage de plans sera donc particulièrement recommandé lorsqu'il s'agira de suggérer :

— la lenteur ou la monotonie d'un voyage (**fig. 174**)...

— le calme d'un paysage, le bien-être, la sérénité (**fig. 171**)...

— la flânerie, la paresse, une attente interminable, etc.

174

Auclair/Deschamp « **BRANRUZ** » © Casterman

175

Christin/Mézières « **VALERIAN. Métro Châtelet, direction Cassiopée** » © Ed. Dargaud

79

LES SCÈNES DE MOUVEMENT

Ensuite, plus le récit s'anime, plus les plans seront en principe nombreux et diversifiés (plans moyens, plans rapprochés...).

En effet, puisque **les événements s'accélèrent**, un plus grand nombre de faits intéressants se produisent simultanément. Il faut donc **détailler** l'action des personnages, en une suite de plans plus nombreux et plus rapprochés, qui suggéreront très bien **l'animation** de la scène.

C'est là le « montage » qu'on rencontrera en principe le plus souvent dans la bande dessinée, car il correspond à un grand nombre de scènes intermédiaires se situant entre le moment de l'exposition du sujet et celui de la pleine action (**fig. 176, cases 1, 2, 3, 4**).

LES SCÈNES D'ACTION

Toute action (et, à plus forte raison, une action violente) se caractérise évidemment par un rythme accéléré, syncopé, que nous allons donc traduire également dans notre histoire en images par un « montage » syncopé, à base de plans rapprochés et de gros plans plus nombreux.

Au moment de la pleine action, en effet, beaucoup de choses se passent en un bref instant. Pour décrire tout cela, il faut donc multiplier les « plans », d'autant plus que toute action produit inévitablement des réactions : cris, peur, etc., qui doivent être également mises en évidence, au moment opportun.

C'est pourquoi les scènes d'action seront généralement découpées, fragmentées, **en un nombre de plans plus ou moins rapprochés qui sera d'autant plus grand que l'action sera confuse** (**fig. 176, cases 5, 6, 7, 8, 9**). Les dialogues, qui viendraient inévitablement briser le dynamisme du montage, seront réduits à l'essentiel (on n'a guère le loisir de discourir longuement lorsqu'on se trouve plongé en pleine action), à l'exception des interjections d'usage.

En outre, lorsqu'une action se caractérise par sa soudaineté : catastrophe, accident, carambolage, etc., la scène sera souvent fragmentée **en cases de petite dimension**, concentrées sur un espace relativement réduit (une demi-page environ). Ainsi, la scène pourra être saisie dans son ensemble, en un bref coup d'œil, donc elle sera « vécue » très rapidement, ce qui ne manquera pas de suggérer expressivement l'arrivée **soudaine** et le déroulement **accéléré** de l'événement en question (**fig. 176, cases 5 à 12**).

En principe, ce genre de montage sera idéal pour suggérer :

— la confusion : bataille, bagarre, carambolage (**fig. 178**),

— une extrême compétition : combat, course poursuite, etc. (**fig. 179**),

— l'agitation, la panique, etc.,

— l'exubérance d'une foule en liesse, d'une fête, etc., etc.

Gos/Walthéry « **NATACHA ET LE MAHARADJA** » © Ed. Dupuis

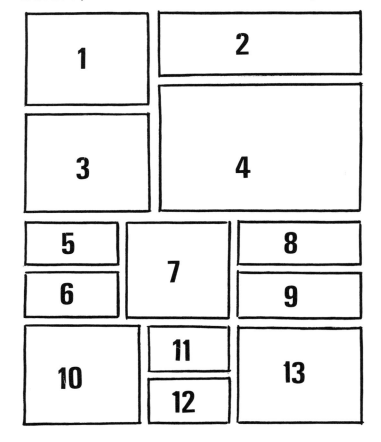

... Une belle scène d'action par un maître du genre.

J.M. Charlier/J. Giraud « CHIHUAHUA PEARL » © Ed. Dargaud

*A peu près la même scène, vue par un autre artiste. On remarquera que les deux auteurs ont instinctivement choisi d'utiliser **les mêmes moyens pour dire la même chose** : c'est qu'ils savent tous les deux ce que « parler » avec des images veut dire ! D'abord un **plan rapproché** venant cerner le cavalier lorsqu'il se trouve sur le point d'être désarçonné (case 3), immédiatement suivi d'un **gros plan** sur le visage du personnage (case 4) au moment précis où celui-ci tombe à l'eau, pour **mettre en évidence** son désarroi et « dramatiser » ainsi la scène **en temps opportun**. Efficace !*

Harle/Blanc-Dumont « LA RIVIÈRE DU VENT » © Ed. Dargaud

Une scène d'action dont le bel effet est ici principalement rendu par un habile montage de plongées et de contre-plongées* impressionnantes, vues en plan général. On notera le **gros plan**, bien placé **au centre** de la composition, venant ainsi « dramatiser » toutes les images qui s'arrangent autour de lui. Encore du grand art !*

LES SCÈNES D'ACTIONS (suite)

R. Durand/P. Sanahujas « LES DIRIGEABLES DE L'AMAZONE »
© Ed. Glénat

*Une façon originale de traiter une scène d'action : les **plans rapprochés**, indispensables pour décrire de près l'action des personnages, ont été tout simplement rapportés sur trois plans plus généraux de la bataille. L'ensemble des plans, ainsi ramassés sur un espace relativement réduit, donne bien l'idée de l'action simultanée des personnages et traduit expressivement la confusion du combat qui voulait être suggérée.*

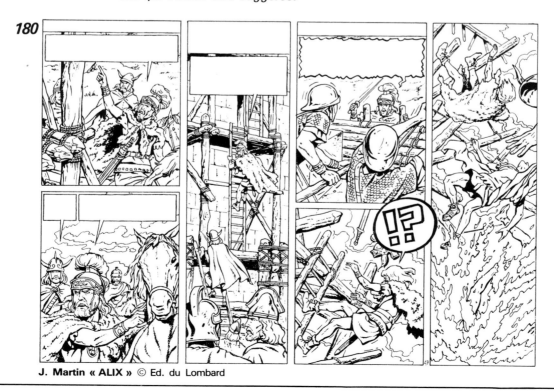

J. Martin « ALIX » © Ed. du Lombard

3. LA FIGURATION DU MOUVEMENT DANS LA BANDE DESSINÉE

Reproduire le mouvement, c'est-à-dire rendre compte du **déplacement** d'un corps dans l'espace, semble a priori interdit à l'auteur de bandes dessinées.

C'est un fait, la bande dessinée est de ce point de vue bien moins outillée que le cinéma. Et cependant, elle n'est pas aussi démunie qu'on pourrait le croire !

Grâce à certain nombre de procédés de narration (enchaînements et raccords d'images), à quoi s'ajoutent quelques « trucs » qui n'appartiennent qu'à la bande dessinée), il est tout à fait possible, sinon de reproduire le mouvement, du moins de le **suggérer** très expressivement.

LA FIGURATION CLASSIQUE DU MOUVEMENT

D'abord, il y a la façon la plus classique de figurer le mouvement, dépendant uniquement de l'art du dessinateur : celui-ci présentera différents « instantanés » du sujet en mouvement et, s'il sait donner de la vie et du dynamisme à son dessin, le « rendu » du mouvement sera satisfaisant, sinon spectaculaire (**fig. 181, 182, 184**).

LES « TRAÎNÉES DE VITESSES »

Mais si nous voulons donner une idée plus dynamique du **déplacement du sujet dans le décor**, il faudra adopter la solution qui consiste à faire figurer derrière le sujet en mouvement un certain nombre de traînées graphiques ou « traînées de vitesse » (**fig. 198**).

Ces indications graphiques représenteront le **déplacement d'air**, naturel, que produit tout objet en mouvement, et viendront donc s'inscrire là où le déplacement d'air est supposé avoir été le plus important, compte tenu de la forme de l'objet, de sa vitesse, etc.

AU MOMENT OÙ LES ONONOES SE PRÉCIPITÈRENT SUR LUI, TARZAN BONDIT À TRAVERS LA SALLE, S'ADOSSA AU MUR ET SE BATTIT AVEC LA SAUVAGERIE D'UNE BÊTE AUX ABOIS. SES GRONDEMENTS DE COLÈRE SE MÊLAIENT AUX RUGISSEMENTS DES ONONOES. IL LEUR RÉSISTA...

B. Hogarth « TARZAN » © U.F.S./UPI

FALLAIT PAS VENIR, L'AMI !

D. O'Neil/N. Adams « BATMAN » © National Periodical Publ. Inc.

En outre, les traînées graphiques seront plus ou moins appuyées, plus ou moins nettes selon la nature du sujet : une colombe « déplace » moins d'air qu'un aigle fonçant sur sa proie, c'est évident !

H. Pratt « ERNIE PIKE » © Ed. J. Glénat

L'EFFET STROBOSCOPIQUE

Un nom très savant pour un procédé bien simple : l'effet stroboscopique consiste en effet à simplement **décomposer le mouvement du sujet**, en tout ou en partie, **à l'intérieur d'une seule image (fig. 185)**.

C'est un procédé qui se prête surtout à des effets comiques, lorsqu'il s'agit de suggérer expressivement la **frénésie**, l'**excitation**, l'**exubérance** d'un personnage ou de mettre particulièrement en évidence certains **gestes frénétiques**, etc. Aussi, le rencontre-t-on encore assez fréquemment dans la bande dessinée comique (**fig. 185 à 188**), beaucoup plus rarement dans la bande dessinée réaliste (**fig. 189**), où il sera utilisé avec plus de retenue.

Cependant, lorsque le mouvement sera décomposé de façon à suggérer un **ralenti**, le procédé trouvera dans la bande dessinée réaliste d'originales applications : lente transformation ou métamorphose d'un personnage, galop d'un cheval au ralenti, valse lente, etc., venant créer une atmosphère irréelle, d'un très bel effet (voir **fig. 190**).

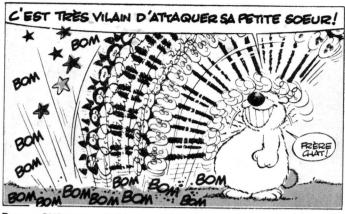

185

Dupa « CUBITUS » © Ed. du Lombard

187

186

C.M. Schulz « PEANUTS »
© United feature Syndicate/U.P.I.

Brant/Parker « WIZARD OF ID »
© Publishers hall Syndicate/Graph-Lit.

188

R. Goscinny/A. Uderzo « ASTERIX » © Ed. Dargaud

189

H. Pratt « SOUS LE SIGNE DU CAPRICORNE » © Ed. Casterman

190

Gillon « LES NAUFRAGÉS DU TEMPS » © Humanoïdes associés

LES RACCORDS DE MOUVEMENT

Tout bien considéré, le moyen le plus efficace de donner **l'illusion du mouvement** dans une bande dessinée, c'est encore en jouant sur un **enchaînement de plans.**

Le plus souvent, deux images se succéderont, vues toutes deux sous le même angle : la première image montrera le mouvement du sujet (un personnage, un geste, un véhicule, un objet, etc.) **à son départ**, et la seconde image : **la fin du mouvement.**

A condition que le mouvement soit parfaitement « raccordé » d'une image à l'autre (notamment, en jouant sur la perspective), l'œil reconstituera tout naturellement la **trajectoire** accomplie par le sujet entre les deux images : l'illusion du **déplacement** de celui-ci dans l'espace sera dynamiquement sinon spectaculairement rendue (**fig. 191 à 195**).

En outre, pour peu que le geste soit accompagné de « traînées de vitesse » (voir le paragraphe précédent) et que celles-ci se trouvent parfaitement « raccordées » d'une image à l'autre, l'illusion du mouvement n'en paraîtra que plus saisissante.

Parfois aussi, le mouvement sera décomposé sur un plus grand nombre d'images (trois ou plus, **toujours vues sous le même angle**) : la première image montrera le mouvement à son début, la seconde : une vue intermédiaire du sujet en mouvement et la troisième : l'achèvement du mouvement (**fig. 196, 197**). Naturellement, plus le mouvement sera décomposé en un grand nombre d'images intermédiaires, plus le sujet donnera l'impression de se déplacer lentement (puisque l'œil devra parcourir un plus grand nombre de cases avant d'avoir totalement reconstitué le mouvement). C'est pourquoi les mouvements **rapides** ne seront jamais décomposées en plus de deux ou trois images.

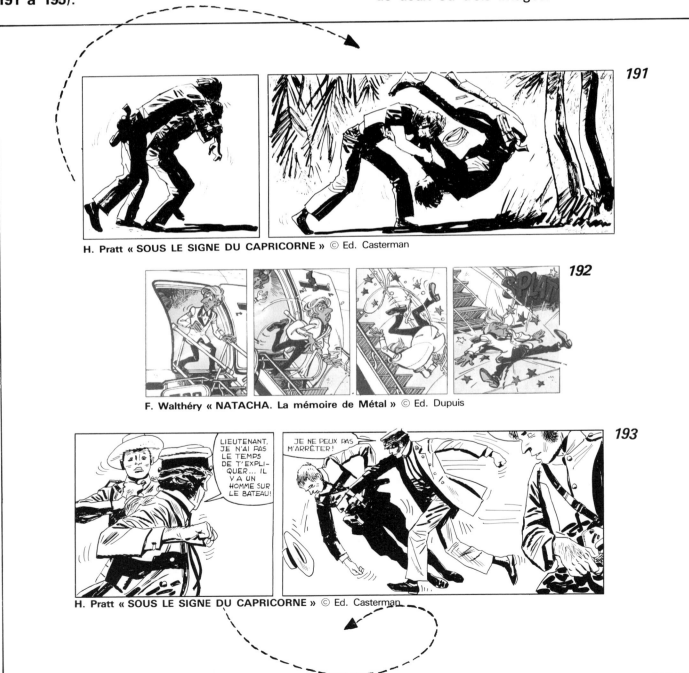

191

H. Pratt « SOUS LE SIGNE DU CAPRICORNE » © Ed. Casterman

192

F. Walthéry « NATACHA. La mémoire de Métal » © Ed. Dupuis

193

LIEUTENANT, JE N'AI PAS LE TEMPS DE T'EXPLIQUER... IL Y A UN HOMME SUR LE BATEAU!

JE NE PEUX PAS M'ARRÊTER!

H. Pratt « SOUS LE SIGNE DU CAPRICORNE » © Ed. Casterman

194

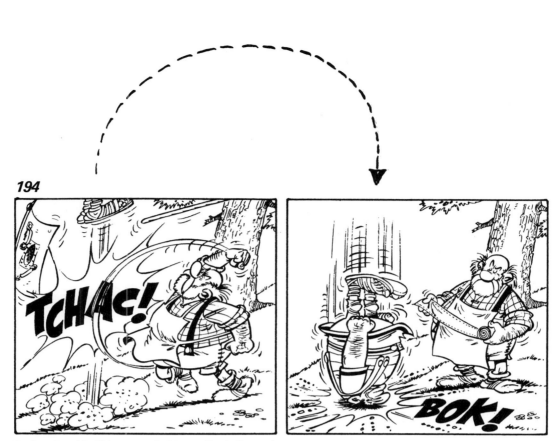

R. Goscinny/A. Uderzo « **ASTERIX** » © Ed. Dargaud

195

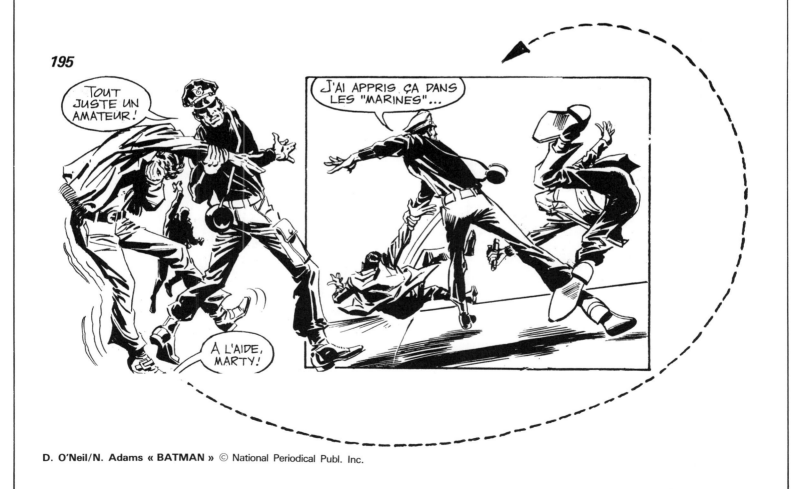

D. O'Neil/N. Adams « **BATMAN** » © National Periodical Publ. Inc.

LE MARGRAF ARRIVAIT SUR LUI.

IL N'Y AURA QUE LA VEUVE ET L'ORPHELIN POUR TE PLEURER !

TOUT N'EST PAS DIT, MARGRAF !

CRA·AAÍ!

L'ÉCU À LA FEUILLE DE CHÊNE SAUVAIT LE CHEVALIER ..

Ollivier/Sievre « ROBIN DES BOIS » © Ed. Vaillant

197

"PAS DU TOUT," RÉPOND VAL, ASSEZ FORT POUR QUE TOUS ENTENDENT, "CAR JE LIS UNE TELLE BÊTISE SUR TA FACE INEPTE QUE JE SUIS SÛR QUE C'EST TOI QUI SERA LA VICTIME...

...D'UN TOUR BIEN SIMPLE ET TU HURLERAS EN ME DEMANDANT GRÂCE...

...LORSQUE TES OS CASSERONT COMME DU BOIS SEC ".

H. Foster « PRINCE VAILLANT » © K.F.S./Opera-mundi

198

M. Tillieux « GIL JOURDAN » © Ed. Dupuis

LES RACCORDS DE DIRECTION

Lorsque le scénario prévoit de montrer le sujet en mouvement, progressant latéralement sur plusieurs images (personnage marchant, courant, véhicule en mouvement, etc.), deux précautions devront être prises :

— Autant que possible, il faudra faire en sorte que le sujet se déplace de **gauche à droite** : c'est le sens naturel de la lecture auquel l'œil est habitué. Celui-ci **accompagnera** donc tout naturellement le sujet, d'une image à l'autre, et reconstituera plus facilement la **continuité** du mouvement qui paraîtra ainsi toujours plus **dynamique (fig. 200)**.

— En outre, lorsque le sujet est en mouvement **vers un but précis**, il faudra prendre garde de ne pas montrer celui-ci allant alternativement dans une direction (gauche/droite) puis dans l'autre direction (droite/gauche), auquel cas celui-ci donnerait l'impression de **revenir sur ses pas**. Fâcheuse impression si cela n'est pas prévu par le scénario !

Par contre, un tel montage, présentant le sujet allant gauche/droite puis droite/gauche et retour, pourra traduire très expressivement les **hésitations** d'un personnage cherchant son chemin ou se déplaçant dans les rues tortueuses d'une vieille ville, tournant au croisement de deux rues, etc., si cela est prévu au scénario.

199

Harle/Blanc-Dumont « LA RIVIÈRE DU VENT » © Ed. Dargaud

*Parce que ces deux plans sont vus **sous le même angle**, le mouvement du bras se fait **en souplesse** d'un plan à l'autre, sans qu'on hésite une seconde sur l'identité de la personne à qui appartient la main vue en gros plan : la **clarté du propos** (la souplesse des enchaînements de plans) est aussi la marque d'un bon « metteur en scène » de bandes dessinées...*

200

Hergé « TINTIN » © Casterman

*Le mouvement des personnages sera toujours plus naturel et **dynamique** lorsque la succession d'images les montrera allant (marchant, courant) **de gauche à droite**, dans le sens naturel de la lecture auquel l'œil est habitué (vus dans le sens opposé, droite-gauche, les mêmes personnages donneraient la fâcheuse impression de reculer d'une image à la suivante !).*

4. LA CONDUITE DU RÉCIT

Au cours des précédents chapitres, nous avons vu comment il est possible de s'exprimer en images, comment traduire **visuellement**, et avec toutes les nuances souhaitées, les idées qui sont contenues dans le scénario.

Pourtant, nous n'avons pas encore vraiment raconté notre histoire. Avec nos enchaînements et associations de « plans », nous n'avons fait que former des phrases, — des scènes, des séquences —, décrivant l'action à un moment précis du récit...

Maintenant, il faut aller plus loin. Il faut enchaîner à leur tour les scènes et les séquences pour construire une **intrigue** vivante, dynamique, **passionnante** à suivre. Et pour cela, nous allons devoir faire appel à de nouveaux moyens d'expression, appartenant pour certains à **l'art du dramaturge** (lorsque la bande dessinée se veut réaliste), ou à celui de **l'humoriste** ou du **gagman** (lorsque le sujet est de caractère comique)...

Cela mérite encore un long arrêt...

Tibet/Duchateau « RIC HOCHET » © Ed. du Lombard

Une seule action vue en continuité.

LA NARRATION SIMPLE

C'est la façon la plus simple de raconter une histoire : **une seule action** sera décrite en une série de plans, de scènes ou de séquences se succédant selon l'ordre logique des événements. On suivra le héros (ou le personnage principal de l'histoire) pour ainsi dire, pas à pas, sans jamais le perdre de vue d'un bout à l'autre de l'histoire.

Ce procédé narratif, qui peut convenir à beaucoup de récits de pure action (par exemple, le

Au contraire, dans « l'histoire à gag », c'est le procédé qui sera le plus souvent retenu, nous verrons pourquoi par la suite...

« Prince Vaillant » d'H. Foster, est entièrement construit sur ce modèle), ne donne en revanche aucune possibilité de réel « suspense », ce qui limite quelque peu son emploi dans la bande dessinée réaliste.

Avec la narration parallèle, on va un peu compliquer les choses pour donner plus d'animation au récit : au lieu de s'intéresser à l'action du seul héros (ou du personnage principal de l'histoire), on va en effet développer **deux actions** ou plus en alternance. L'exemple le plus courant de ce procédé narratif nous est fourni par les innombrables récits où l'on nous montre l'action du héros, vue en alternance avec l'action de son rival ou de ses adversaires.

Selon l'intrigue considérée, les deux actions vues en parallèle se trouveront parfois fort éloignées l'une de l'autre dans l'espace (ou le temps). Mais, le plus souvent, elles se chevaucheront plus ou moins, se rejoignant parfois pour se séparer de nouveau, et ainsi de suite (**fig. 202 à 204**). Enfin,

plus rarement, on verra certains auteurs, prenant un malin plaisir à compliquer encore un peu plus les choses, se mettre à développer trois actions parallèles (mais rarement plus, car il ne faut pas non plus que le lecteur perde le fil du récit au milieu d'un inextricable enchevêtrement de scènes).

On imagine sans difficulté les nombreuses possibilités expressives qu'un tel procédé de narration peut fournir :

— Tout d'abord, parce qu'elle fait se chevaucher plusieurs scènes se situant dans des lieux différents, la narration parallèle permet un changement de décor permanent (**fig. 203**) : le récit ne risque donc pas de sombrer dans la monotonie.

J. Prentice « RIP KIRBY » © K.F.S./Opera-mundi

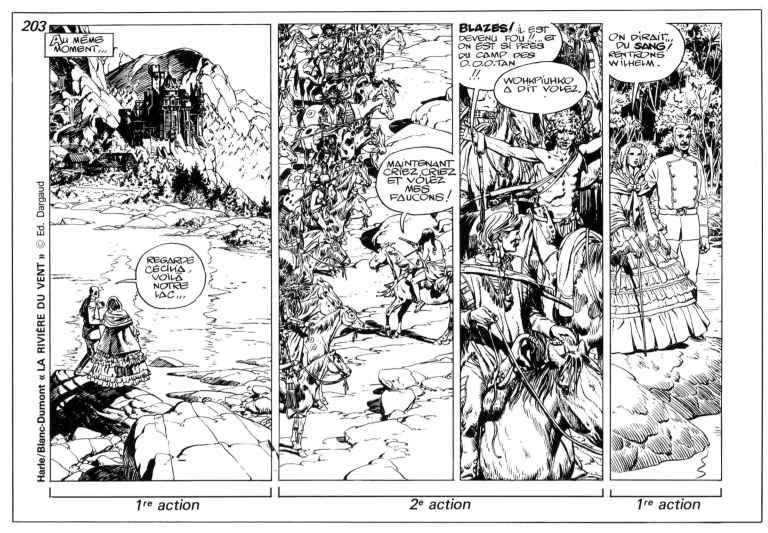

Harle/Blanc-Dumont « LA RIVIÈRE DU VENT » © Ed. Dargaud

| 1re action | 2e action | 1re action |

— Mais surtout, le procédé offre à l'auteur une occasion unique de tenir en permanence son public **en haleine**. Pour peu qu'il s'y prenne habilement : pour peu qu'il sache interrompre chaque scène à temps, c'est-à-dire à un **moment critique** de l'action, se créera naturellement une **tension** (un « suspense »), un sentiment de **curiosité** ou **d'inquiétude** qui viendront perpétuellement redoubler l'intérêt du récit. Dans ce cas, on laissera souvent le héros aux prises avec mille difficultés, le temps de développer la seconde action. Et lorsqu'on reviendra à la première, ce sera l'occasion d'un bel **effet de surprise** : l'action se sera terminée tout différemment qu'on l'avait imaginé. Ainsi, on pourra entretenir les lecteurs dans un perpétuel sentiment **d'incertitude** au sujet d'une compétition, par exemple, ou d'une course, d'une enquête policière, etc.

Dans la bande dessinée comique, le même procédé sera utilisé... mais pour provoquer le rire. Par exemple, on passera d'une scène à l'autre, d'un décor à l'autre, mais lorsqu'on reviendra dans le premier décor, ce sera généralement pour retrouver celui-ci bouleversé, et d'une façon totalement **inattendue**, d'où le gag*.

— Ou bien encore, la narration parallèle permettra d'effectuer des **retours en arrière**. Exemple type : un personnage un peu distrait quittant son domicile en oubliant de fermer le robinet de la baignoire. On reviendra ensuite périodiquement en arrière pour montrer le désastre grandissant que provoque la baignoire débordant, à mesure que le temps passe...

Cependant, pour être parfaitement efficace, une narration parallèle oblige à quelques précautions :

— Tout d'abord, prendre garde de ne pas poser deux histoires l'une à côté de l'autre, comme deux potiches aux deux extrémités d'une cheminée. Deux actions parallèles ne seront en effet efficaces qu'à condition d'être toujours plus ou moins liées entre elles et **d'agir sans cesse l'une sur l'autre** pour se mettre mutuellement en valeur.

— En principe, on accordera une plus grande importance à l'une des actions parallèles : ce sera **l'action principale** (concernant généralement le héros ou le personnage principal de l'histoire) vers laquelle les autres actions viendront converger. En pratique, cela se traduira par un plus grand nombre de « plans » accordés à l'action principale, l'action secondaire étant décrite plus succinctement, en quelques plans bien choisis. Parfois même, un seul plan venant s'intercaler **au bon moment** dans l'action principale, suffira à créer un **climat** d'incertitude (ou d'angoisse, de mystère, etc.) qui relancera tout l'intérêt de l'histoire (**fig. 202**).

Gir/Charlier « Lt. BLUEBERRY » © Ed. Dargaud

**3 actions vues
en parallèle**

- *case 1 - 2: 1re action*
- *case 3 - 4: 2e action*
- *case 5 : début de la
: troisième action*

L'ELLIPSE

L'une des plus fâcheuses mésaventures qui peut arriver à une bande dessinée, c'est de traîner lamentablement en longueur... C'est ce qui arrive inévitablement lorsqu'on veut tout dire, tout montrer, tout expliquer et qu'on s'attarde sur des détails pittoresques qui ne possèdent souvent qu'un lointain rapport avec l'intrigue proprement dite.

En principe, on évitera cet avatar, en faisant appel chaque fois que possible à **l'ellipse**, qui consiste à supprimer toute longueur : toute image, mais aussi toute scène ou fragment de scène, qui ne serait pas strictement indispensable à la compréhension du récit. Ainsi la narration sera beaucoup plus **vivante** et le rythme du récit plus vif, plus soutenu.

Dans le cours d'une bande dessinée, on trouvera naturellement de nombreuses occasions de pratiquer l'ellipse, sous des formes très différentes :

L'ellipse à l'intérieur d'une scène :

A l'intérieur d'une scène, on coupera généralement tout ce qui pourrait nuire au rythme du récit. Par exemple, le déplacement des personnages entre deux parties du décor (lorsque ce déplacement n'offre pas grand intérêt, évidemment). Dans ce cas, on nous montrera l'action à son début (présentation du décor, mise en place des personnages), puis **on entrera tout de suite dans le vif du sujet** en passant sans transition à l'action proprement dite. Par exemple : le téléphone sonne : l'image suivante nous montrera le personnage concerné, portant déjà le combiné du téléphone à son oreille. Son déplacement vers le téléphone et le début du geste de la main soulevant le combiné téléphonique auront été tout simplement « gommés ».

Naturellement, l'enchaînement des plans devra être logique, de sorte que les lecteurs puissent **reconstituer d'eux-mêmes**, sans difficulté, toute la partie de l'action qui a été laissée de côté.

Voyez par exemple, **fig. 206**, une ellipse véritablement expressive, donnant une parfaite idée de la **précipitation** et de la **fougue** qui anime un personnage : l'automobile arrivant dans le décor ne s'est pas encore arrêtée (case 1) que **déjà** son occupant se précipite à toutes jambes sur son adversaire (cases 2 et 3), toute l'action intermédiaire : arrêt de l'auto, personnage en sortant puis se dirigeant vers le vieux moulin, ayant été laissée de côté (on peut parler ici d'une forte ellipse) (voir aussi **fig. 205**).

L'ellipse entre deux scènes ou séquences :

Selon le même principe, on supprimera toute scène intermédiaire qui menacerait d'allonger inutilement le récit.

Ce sera le cas, notamment, des déplacements des personnages d'un lieu à un autre (voyages, etc., si rien d'important ne doit se produire durant ces déplacements, évidemment) : on nous montrera alors les personnages à leur point de départ, puis tout de suite après, les mêmes, arrivant à destination. En prenant seulement soin de bien différencier les décors, afin que le changement de lieu soit évident au premier coup d'œil.

Enfin, par ellipse d'une scène toute entière, on pourra produire d'intéressants effets dramatiques. Par exemple, on suggérera une action **sans la montrer**, laissant au lecteur le soin de la reconstituer dans le détail à son idée. Mais, ensuite, le dénouement de cette action se révélera tout différent de ce qu'on avait pu imaginer. Selon le genre, ce sera alors l'occasion d'un bon gag* ou d'un surprenant coup de théâtre*.

205

Gir/Charlier « Lt. BLUEBERRY » © Ed. Dargaud

ELLIPSE

206

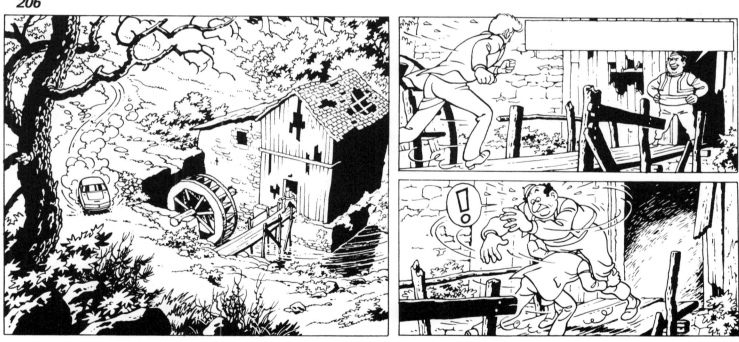

B. de Moor « BARELLI » © Ed. du Lombard

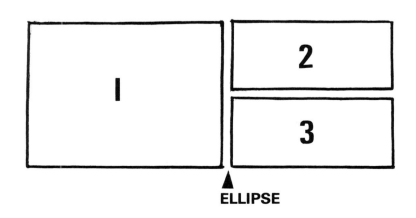

ELLIPSE

LES VOIX « OFF »

Lorsqu'une scène de dialogues un peu longue se situe dans un intérieur plutôt banal, on peut craindre à juste raison que cette scène devienne à la fin plus ou moins ennuyeuse...

Comme, dans ce cas, il n'est pas question de pratiquer une ellipse d'une partie de la scène (on ne peut couper la conversation des personnages en son milieu), on utilisera donc le « truc » qui consiste à intercaler dans la succession d'images **un plan d'ensemble** extérieur du décor où se trouvent les personnages, sur lequel viendra se greffer leur conversation (**fig. 207, 208**) : cela suffira généralement à rompre la monotonie des images...

Toutefois, avant de faire intervenir ce plan d'ensemble, il ne faudra pas manquer de présenter **d'abord** les personnages qui sont en conversation. Car, à moins de vouloir volontairement laisser planer un doute sur leur identité, il est important que nous sachions avant tout qui parle à qui Il ne faudra pas manquer non plus de revenir assez rapidement sur les personnages en conversation, sans quoi nous finirions par ne plus savoir exactement qui dit quoi à qui, à qui appartient tel ou tel dialogue ?

Naturellement, il faudra aussi que le décor vu en plan d'ensemble présente un certain intérêt. S'il n'est pas particulièrement spectaculaire, au moins qu'il soit de nature à renforcer l'ambiance du récit ou, mieux encore, qu'il vienne éclairer la conversation des personnages...

Hermann/Greg « AVENTURES A MANHATTAN » © Ed. du Lombard

H. Pratt « SOUS LE SIGNE DU CAPRICORNE » © Ed. Casterman

5. LA NARRATION COMIQUE

LE COMIQUE D'OBSERVATION

Le comportement des êtres humains, leurs relations plus ou moins amicales, est une mine de sujets de bandes dessinées comiques de la meilleure veine, et qui n'est pas près de s'épuiser. Tant qu'il y aura des hommes sur notre planète, il y aura toujours un créateur de bandes dessinées pour **saisir le petit détail** qui révèle leurs imperfections, défauts ou manies, et qui s'arrangera pour en faire rire son public.

Le comique d'observation est un genre difficile, qui compte cependant quelques-unes des plus belles réussites de la bande dessinée comique.

Parfois, le récit se basera sur une **fine observation de la nature humaine** ou des relations entre parents et enfants (**fig. 209**), etc., d'autrefois, il aboutira à la **satire*** plus ou moins féroce du monde adulte (dans les publications généralement destinées aux adultes).

Dans ce genre de récit, un bon truc consistera à associer **des personnages de caractère très différent** sinon totalement opposé (exemple type : Laurel et Hardy). L'incompatibilité d'humeur des personnages et leur comportement contradictoire engendreront des effets comiques d'autant plus nombreux et variés qu'il y aura de « phénomènes » mis en scène dans la série (exemple : la série des « Peanuts » où l'on voit agir concurremment une demi-douzaine de personnages extrêmement bien typés).

Roba « BOULE ET BILL » © Ed. Dupuis

D. Collins « PERISHERS » © Syndicat Internat./Graph-Lit.

LE COMIQUE DE SITUATION

Avec le comique de situation, nous commençons à faire appel à une véritable « construction dramatique » en miniature...

Ne nous contentant plus de la simple observation de la réalité, nous allons en effet placer volontairement un personnage **dans une situation impossible** (une situation qui ne lui convient pas...), dont nous tirerons tous les effets comiques possibles.

Ce sera, par exemple :

— La situation d'un personnage se trouvant placé **dans un lieu inhabituel pour lui, ou dans lequel il produira le plus mauvais effet**.

Par exemple : « Un éléphant dans un jeu de quilles », ou Gaston Lagaffe dans un magasin de porcelaine, ce qui revient strictement au même (**fig. 210**).

— Mais on trouvera aussi la situation d'un **personnage jouant** un rôle inhabituel pour lui, ou auquel sa nature, son caractère, son tempérament ne le destinaient pas.

Par exemple : deux solides « gorilles », obligés de jouer les nurses (**fig. 211**).

— Ou encore, la situation invraisemblable dans laquelle un personnage se placera lui-même, par bravade, fanfaronnade, excès de zèle, etc.

Le tout étant de savoir **exploiter à fond la situation de départ**, en recherchant tous les effets comiques ou les développements originaux auxquels cette situation peut conduire...

210

211   Franquin «GASTON LAGAFFE» © Dupuis

Berck/Cauvin «SAMMY» © Dupuis

6. LE BURLESQUE

Voici une forme de comique bien différente de tout ce que nous avons vu précédemment. Jusqu'à présent, nous ne faisions qu'observer la réalité, quitte à l'arranger quelque peu à notre gré pour en tirer des effets comiques plus ou moins appuyés.

Avec le burlesque, au contraire, on va **délibérément outrepasser la réalité**, comme pour mieux s'en moquer ! **Tout devient possible, au mépris de toute logique** ! On ne tiendra compte ni des lois de la nature (pesanteur, etc.), ni de la psychologie des personnages dont les actes seront souvent illogiques, frénétiques ou extravagants. Les objets, eux-mêmes, seront souvent animés d'une vie peu commune...

Souvent associé au gag*, le burlesque s'exprime de bien des façons différentes dans la bande dessinée. Citons en particulier :

LE BURLESQUE PAR ACCUMULATION

« Un coup de pied au derrière est drôle, dix ne le sont pas, cent sont très drôles », a dit un jour Franck Cyril, l'un des plus fameux gagmen d'Hollywood.

Et c'est vrai. Plus l'accumulation (de personnages, d'objets, etc., ou la répétition de certains mouvements...) commence à **dépasser ce qui est logiquement admis**, plus la scène commence à s'écarter de la réalité, plus l'effet sera réussi : la collision de trois véhicules se produisant à un carrefour, c'est une chose quasi-quotidienne, donc ce n'est pas drôle. Mais cinquante ou cent voitures se « collisionnant » au même carrefour et s'accumulant en un gigantesque tas de ferraille, cela peut devenir très drôle... si cela a été bien **préparé** par ce qui précède, et si cela arrive autant que possible d'une façon **inattendue** (voir à ce sujet, le gag*).

LE BURLESQUE PAR EXAGÉRATION

Ici, ce sont **les dimensions des choses** qui dépassent tout ce qui est logiquement admis, sans qu'on songe pour autant à s'en étonner.

Par exemple : une statue **beaucoup plus que monumentale**, s'élevant dans un modeste jardinet (**fig. 212**), ou le pêcheur du dimanche, tirant de la rivière... un énorme espadon, etc.

LA FRÉNÉSIE

Dans le monde du burlesque, rien ne se passe vraiment comme dans la réalité. Le temps et les lois de la nature semblent abolis. Les événements se produisent à une cadence folle, frénétique, s'enchaînant souvent sans aucun souci de logique.

Dans la frénésie de l'action, l'obstacle, serait-il

212

Greg « ACHILLE TALON » © Ed. Dargaud

213

Franquin « GASTON LAGAFFE » © Ed. Dupuis

214

Greg « ACHILLE TALON » © Ed. Dargaud

216

© Tabary

fait de brique ou de béton, est presque toujours enfoncé, défoncé, pulvérisé, sans que les intéressés en souffrent le moins du monde.

Mais rien, non plus, n'est acquis d'avance. Verra-t-on une modeste voiture lancée à grande vitesse, enfonçant un mur et se frayant aisément un passage à travers celui-ci, nous verrons tout de suite après son poursuivant, un énorme poids-lourd, venant s'écraser lamentablement sur le même mur !

LE BURLESQUE PAR LA DESTRUCTION

Dans le burlesque, les catastrophes, les explosions, les carambolages, bris de vaisselle ou d'objets fragiles, etc., atteignent des proportions fantastiques, irréelles, sans commune mesure avec leur cause :

... l'eau d'une baignoire déborde-t-elle ? Et c'est tout un quartier de la Ville qui finira par être inondé !

... un homme éternue... et il provoque l'effondrement d'un échafaudage sinon d'un édifice tout entier ! etc.

LA VIE DES OBJETS

Dans le monde du burlesque, les objets eux-mêmes ne sont pas tout à fait **inertes**. Qu'ils aient le nom de parapluie, contrebasse, échelle ou casserole, ils échappent souvent au contrôle des personnages, se « déglinguent » de leur propre initiative à des moments inattendus, se révoltent,

Franquin « GASTON LAGAFFE » © Ed. Dupuis

se rebiffent, refusent de rendre le service qu'on attendait d'eux, à moins qu'ils n'agissent pour leur propre compte : alors, ils attendront patiemment, choisiront le moment propice pour se mettre en mouvement, tel le pot de fleurs posé sur le rebord d'une fenêtre, **attendant** le passage d'un personnage particulièrement antipathique **et basculant alors de lui-même** pour aller s'écraser un peu plus bas sur la tête de la victime qu'il a choisie.

Franquin «GASTON LAGAFFE» © Dupuis

L'ANACHRONISME

L'anachronisme, qui consiste à attribuer à une époque les mœurs, les inventions ou les techniques d'une autre époque, est roi dans le burlesque :

... une automobile au temps des dinosaures ? Quoi de plus normal (**fig. 220**) !

... une publicité pour une boisson gazeuse bien connue, à l'époque médiévale ? Quoi d'étonnant (**fig. 219**) !

Naturellement, pour produire son meilleur effet, l'anachronisme ne doit pas intervenir **gratuitement** dans le récit, comme un simple élément d'originalité. Sa venue sera **voulue**, longuement et soigneusement **préparée** et, autant que possible **inattendue**. Auquel cas, on aura toute chance d'assister à un bon gag*...

218

ÇA C'EST UN SCEPTRE !

VOTRE MAJESTÉ EST TROP BONNE... J'AVAIS UN MODÈLE...

J'PEUX SORTIR, M'SIEUR ?

Fred « LE SCEPTRE » © Casterman

219

A VOS ORDRES, MAJESTÉ !

BUVEZ Coca Cola

Brant/Parker « WIZARD OF ID »
© Publishers hall Syndicate/Graph-Lit.

220

DONNEZ A' UN HOMME UNE PETITE MOTIVATION, ET IL RÉSOUDRA N'IMPORTE QUEL PROBLÈME !

© Publishers Newspaper Syndicate/Graph-Lit.

7. LE GAG

Le gag : voici un mot passé depuis longtemps dans le langage courant, pour désigner un peu n'importe qu'elle plaisanterie, n'importe quel effet comique ou burlesque, pourvu qu'il fasse rire...

Un personnage glisse-t-il sur la peau de banane qu'il a lui-même jetée sur le sol ? On parle tout de suite d'un « gag ».

Un poids-lourd enfonce-t-il la devanture d'un magasin de porcelaines fines ? On parle encore d'un « gag ». En réalité : de simples effets comiques ou burlesques. Rien de plus.

Un gag, c'est tout autre chose : c'est une véritable **comédie miniature**, qui se trouve donc soumise, comme toute comédie, à une construction dramatique précise, comprenant obligatoirement trois temps : un début, un développement et une fin (la fameuse « chute » du gag).

Un gag forme donc un tout qui se suffit toujours à lui-même, soit qu'il se développe sous forme d'une « histoire à gag », complète en quelques images (une page au plus), soit qu'il vienne s'insérer dans une « série » plus longue (histoire à suivre comique ou « semi-réaliste »). Et, dans ce cas, les gags successifs constitueront autant de petites comédies indépendantes (mais non sans rapport avec l'intrigue et l'action), venant s'insérer dans le récit principal.

La construction en trois temps qui caractérise le gag a bien sûr un objectif bien précis, toujours le même : provoquer le rire, **en trompant systématiquement l'attente du lecteur**. Autrement dit, le gag est toujours le dénouement brutal d'une courte histoire, **dans un sens totalement imprévu**, **exactement contraire à ce qu'on nous a donné à croire**.

Naturellement, pour que la surprise soit complète, il est essentiel que le dénouement ait été soigneusement **préparé** dès le début de l'histoire, les deux premiers temps du gag étant précisément prévus pour cela !

Prenons un exemple (**fig. 221**) : d'abord, deux images et un simple dialogue **commencent** par nous persuader que le héros de l'histoire va réaliser des prodiges : c'est l'indispensable temps préparatoire du gag. Et puis vient la « chute », vraiment inattendue, qui n'aurait certainement pas le même « impact » si nous n'avions d'abord été persuadés que, potion magique aidant, notre héros ne pouvait pas manquer son coup ! Un petit chef-d'œuvre du genre !

En outre, un gag sera toujours d'autant plus **percutant** que son dénouement sera éloigné de tout ce qu'on a pu imaginer. C'est la raison pour laquelle tant de gags font appel au burlesque*, c'est-à-dire à un dénouement se produisant **au mépris de toute logique**, très loin de ce que le lecteur avait pu imaginer (**fig. 223**).

LA CONSTRUCTION D'UN GAG

En principe, pour pouvoir « fonctionner » parfaitement, tout gag devra être construit invariablement sur le même modèle, en trois temps :

1er temps du gag : c'est **l'exposition** d'une situation encore relativement neutre.

Voyez, par exemple (**fig. 222**), le début d'un gag, extrait d'une série à suivre : une auto tombe en panne sur une voie de chemin de fer (cases 1 et 2).

2e temps du gag : c'est le développement de l'action **dans un sens qui laisse déjà prévoir le dénouement logique de l'histoire**.

Reprenons notre exemple (**fig. 222**) : tout laisse en effet prévoir (et notamment, le monologue de Tintin), que le train va pulvériser la vieille voiture (cases 3, 4, 5).

En somme, en nous suggérant déjà une fin possible, ce deuxième temps **prépare** et **amorce** déjà le gag, la chute imprévue. C'est dire l'importance qui est la sienne dans la conception d'ensemble d'un gag. Pour peu qu'on en dise déjà trop : la chute sera « téléphonée » et le gag perdra du même coup une grande partie de son impact. Mais, à l'inverse, pour peu qu'on n'en dise pas assez (pour peu qu'on ne suggère pas

GAG VISUEL PRÉPARÉ PAR UN DIALOGUE

221   Brant/Parker « WIZARD OF ID » © Publishers hall Syndicate/Graph-Lit.

| **1er temps** | **2e temps** | **CHUTE** |

222 GAG VISUEL PRÉPARÉ PAR UN DIALOGUE

Eh bien, quoi?... Que se passe-t-il?... Impossible de franchir ce rail...

Mon Dieu! ce bruit...

Horreur! ce train va nous broyer!...

BOUM

1 2 3
4 5 6

Hergé « TINTIN AU CONGO » © Casterman

assez clairement un dénouement logique possible de l'histoire), **l'effet de surprise** ne jouera plus : le gag se réduira alors à un simple effet comique plus ou moins drôle...

3e temps du gag : c'est le dénouement soudain de la situation dans un sens totalement imprévu, tout à fait contraire à ce qu'on avait imaginé.

Dans notre exemple (**fig. 222**) : rien ne disait qu'une si vieille voiture résisterait **sans aucun dommage** au choc d'une locomotive, aussi vieille soit-elle (case 6) !

Bien sûr, d'une histoire à l'autre, le premier et le second temps du gag pourront sensiblement varier en longueur. Selon le gag, il faudra parfois développer le premier temps (exposition du sujet) plus que le second, ou inversement. Il n'y a aucune règle en la matière. Quant au troisième temps : la chute de l'histoire, il sera toujours extrêmement bref. En général, une seule image, et toujours la dernière de la série. Le gag constitue en effet **une fin en soi**, une explosion finale qui exclut tout prolongement. Le fait d'avoir à « expliquer » par la suite l'effet qu'est sensé avoir produit le gag, signale tout simplement... un gag qui n'a pas « fonctionné » au bon moment, c'est-à-dire, un mauvais gag.

Ceci dit, le gag peut prendre des formes bien différentes dans la bande dessinée :

LE GAG VISUEL

C'est la forme la plus pure du gag, mais aussi la plus difficile et donc, celle qu'on rencontre de nos jours le moins souvent dans la bande dessinée européenne (alors que les Américains y excellent).

Avec le gag visuel, on va droit au but sans aucun dialogue pour préparer ou expliquer le gag. Tout dépendra donc de l'habileté avec laquelle le gagman saura implacablement enchaîner ses plans, sans longueurs inutiles ni obscurité, ce qui est loin d'être facile (**fig. 223, 225**). C'est pourquoi, dans bien des cas, on préférera renforcer le **gag visuel** par quelques courts dialogues, venant expliquer les images (**fig. 224**) ou mieux, venant déjà **introduire** le gag au cours du premier ou du second temps de la construction (**fig. 221, 222**). Dans les deux cas : attention aux dialogues laborieux, tarabiscotés, qui ne font généralement que préparer une fin également laborieuse !

LE GAG VERBAL

Ici, l'élément de surprise qui caractérise le gag sera amené non plus par une image mais par un mot, une réplique, une réflexion, **totalement inattendue**, insolite, venant clore le récit.

Naturellement, pour que le gag verbal soit véritablement efficace, il faudra faire en sorte que le « mot de la fin » n'arrive pas comme un cheveux sur la soupe. Comme le gag visuel, le gag verbal doit être en effet **soigneusement préparé** par les images ou les dialogues qui précèdent, toujours selon le même modèle : un temps d'exposition, un temps de préparation du gag et enfin, la chute : la réplique inattendue (**fig. 226, 227**).

Dans le gag verbal, le texte sera cependant généralement réduit à l'essentiel, l'image restant en tout état de cause prédominante. Mais il existe aussi toute une catégorie de bandes dessinées plus ou moins « littéraires », où l'on voit au contraire le texte envahir délibérément l'image et prendre le pas sur celle-ci, les dessins ne servant qu'à décrire ou suggérer le lieu où se situe l'action. Exemple type : les « Frustrés » de Claire Brétécher qui illustre de cette façon, très expressivement, les bavardages insipides de ses personnages.

LE GAG SONORE

Grâce aux onomatopées*, il est également possible de prévoir de véritables gags sonores dans une bande dessinée. Dans ce cas, l'onomatopée, — le son insolite, inattendu —, remplacera la réplique verbale finale et constituera en elle-même le gag (toujours : à condition d'avoir été bien **introduite** par ce qui précède).

LA CASCADE DE GAGS

Dans le cadre d'une série à suivre, il sera souvent intéressant d'exploiter la situation créée par un premier gag, pour faire rebondir l'intérêt du récit : sur sa lancée, le gag en déclenchera un autre, puis un autre et ainsi de suite...

Dans ce cas, il faudra surtout éviter que l'intérêt de la série de gags ne s'émousse peu à peu, pour se terminer tristement en « queue de poisson ». Pour éviter cet avatar, on prévoira au contraire une lente escalade, un **crescendo** dans la force des gags, le dernier d'entre eux étant naturellement le plus spectaculaire et le plus percutant de toute la série.

ENCORE QUELQUES CONSEILS, POUR CONSTRUIRE DE BONS GAGS

La nature particulière du gag, sa structure relativement complexe, exige qu'on prenne quelques précautions avec lui...

Le décor et les accessoires :

En principe, un gag se déroule toujours en un bref instant (une page de dessins maximum), sur un rythme souvent assez vif sinon frénétique, ce qui demande un peu d'attention de la part du lecteur (le mécanisme d'un gag est en effet presque toujours très **subtil**). Il faudra donc supprimer de la succession des images tout ce qui pourrait nuire à leur bonne « lisibilité », tout ce qui pourrait détourner l'attention du lecteur de leur implacable enchaînement (en particulier, ce n'est jamais le moment de brosser des décors spectaculaires, surchargés de détails, venant nous distraire de l'essentiel : le développement du gag proprement dit).

Le décor d'une histoire à gag sera donc **aussi neutre que possible** (s'il ne joue pas un rôle particulier dans le déclanchement du gag, évidemment). Le plus souvent, ce sera une simple toile de fond stylisée à l'extrême, donnant les indications de lieu strictement nécessaires à la compréhension du gag (**fig. 221, 223**), à moins qu'il soit tout simplement « gommé ».

En outre, ne figureront à l'image que les per-sonnages secondaires et les accessoires ayant un rôle véritable à jouer dans l'histoire (**fig. 225, 223, 221**).

Enfin, lorsqu'un gag doit venir s'insérer dans un récit plus important, — une série à suivre, par exemple —, dont les décors sont souvent très riches et surchargés de détails pittoresques, on s'arrangera autant que possible pour situer le gag dans une partie relativement neutre du décor (devant une palissade ou un mur plus ou moins nu, etc.), afin que l'attention du lecteur puisse se concentrer (provisoirement) sur le seul développement du gag (**fig. 224**).

Un gag visuel *pur*   223

Bara « MAX L'EXPLORATEUR » © Ed. du Lombard

1	2
3	4
5	6
7	

Un gag visuel pur :

   1er temps : (cases 1, 2, 3, 4) exposition d'une situation encore relativement neutre (un naufrage).

   2e temps : développement de l'action **vers une fin facilement prévisible** : ici, tout laisse supposer que le héros de l'histoire va utiliser une bouée de sauvetage à peu près identique à celle du capitaine...

   3e temps : (cases 6, 7) c'est le gag, la chute de l'histoire dans un sens totalement **imprévu**, trompant complètement notre attente.

224

TU ES UN AMOUR DE PETIT TRÉSOR!... TIENS. JE TE FAIS LA BISE...

SMACK

504A

GNAP!

FAUT PAS QUE CE SOIT TOUJOURS LES MÊMES, NON?

SSMACK!

MERCI, MON GROS TOUTOU TRÉSOR!

504B

Roba « BOULE ET BILL » © Ed. Dupuis

Un gag visuel *pur* renforcé par quelques dialogues (cases 3 et 8)

1	2
3	4
5	6
7	8

Les plans et les angles de vue :

Pour les mêmes raisons, un festival d'angles de vues* et de plans* trop diversifiés, venant affoler l'œil, s'opposerait presque à coup sûr au bon suivi du gag.

En général, le gag se présentera donc sous un angle **unique, relativement neutre**. Quant aux plans, ils ne varieront, éventuellement, que pour venir renforcer l'effet du gag (par exemple, un plan d'ensemble, rejeté à la fin du récit venant créer le gag (**fig. 225**)).

O. Soglow « THE LITTLE KING » © K.F.S./Opera-mundi ▲

*Dans la bande dessinée comique, le rejet du **plan d'ensemble** tout à la fin du récit sera très souvent le moteur d'un bon gag (le décor révélé par le plan d'ensemble sera tout différent de tout ce que nous avions pu imaginer !).*

Le gag verbal

C.M. Schulz « PEANUTS A VENDRE » © United feature Syndicate and
Ed. Dupuis ▲

*Ici, le gag verbal naît de la **rupture** voulue entre le **discours préparatoire** de Snoopy, hautement philosophique, et son dernier propos, bassement terre-à-terre !*

227

Brant/Parker « WIZARD OF ID »
© Publishers hall Syndicate/Graph-Lit. ▲

*... alors qu'ici, la chute de l'histoire se traduit par un ultime dialogue... tellement **logique** que nous ne l'attendions pas ! D'où le gag !*

8. LA PARODIE

La parodie, c'est-à-dire **l'imitation malicieuse et ironique d'une autre œuvre ou d'un genre**, tendant à mettre en relief les faiblesses de l'œuvre ou du genre qu'on imite, est une forme de comique remarquable à laquelle les auteurs de bandes dessinées ne manquent pas de faire appel.

Exemple type : les aventures de « Lucky Luke », désopilante parodie du western cinématographique (**fig. 228**).

C'est un genre qui fait souvent appel au comique d'observation* et au gag*, sans toutefois franchir les limites du comique « aimable » (on se contente d'ironiser), contrairement à la satire*, souvent beaucoup plus féroce sinon impitoyable.

Morris « **LES COUSINS DALTON** » © Ed. Dupuis

Dionnet/Mandryka « **JULES L'ÉCLAIR** » © Humanoïdes associés

▲

Le pastiche... et son modèle ▶

Alex Raymond « **GUY L'ÉCLAIR** »
© K.F.S./Opera-mundi/Ed. Serg

9. LA SATIRE

Avec la satire, on ne se contente plus d'ironiser : on attaque de front les ridicules ou les impostures d'un personnage ou d'un groupe tout entier, les mœurs d'une époque ou les imperfections et les vices de la société, etc. (**fig. 230, 231**).

Le plus souvent destinée à un public adulte, la satire (sociale, politique, etc.) prendra des formes très différentes selon les auteurs et les œuvres...

Parfois, elle sera directe, mordante, sinon féroce. L'auteur ne cache pas son jeu : il désigne nommément ses victimes et attaque de front. Mais attention à ne pas mordre **injustement**, car la satire pourrait alors se retourner contre son auteur... sous forme d'un bon procès en diffamation !

Plus ironique, plus insidieuse (mais tout aussi efficace), la satire s'exprimera très souvent à travers des personnages plus ou moins **symboliques** (par exemple le personnage du Roi, symbole de l'autorité (**fig. 45**), ou **des animaux**, à travers lesquels les tics ou les vices d'une époque se trouveront plus ou moins directement dénoncés. Monsieur de La Fontaine peut se réjouir dans sa tombe : il a trouvé en la personne de certains de nos auteurs de bandes dessinées de dignes successeurs (**fig. 47 et 232**).

Reiser - Extrait du « Nouvel Observateur »

Brétecher « LES FUSTRÉS »

W. Kelly « POGO » © Hall Syndicate

10. LA NARRATION RÉALISTE

233

MAIS MING EST RUSÉ ET L'ESPRIT VIF. SOUPÇON-NANT UNE TENTATIVE D'ENLÈVEMENT, IL ORDONNE QUE DALE SOIT EMMENÉE DANS UNE AUTRE PARTIE DU PALAIS ET DIT APREMENT... ➡AMENEZ-MOI CETTE FILLE DE CUISINE QUI RESSEMBLE TELLEMENT A MADEMOISELLE ARDEN !➡

Alex Raymond « GUY L'ECLAIR » © K.F.S./Opera-mundi Ed.

Si la bande dessinée comique a pour principal objectif de faire rire ou sourire son public, — et nous avons vu qu'elle ne manque pas de moyens d'y parvenir —, la bande dessinée réaliste n'est pas moins outillée, de son côté, pour **émouvoir** le sien ou pour le faire vibrer : les péripéties du récit, sa dramatisation*, ainsi que le mystère*, les coups de théâtre* ou le suspense* sont autant de procédés dramatiques éprouvés, grâce auxquels l'auteur de bande dessinée pourra communiquer à ses lecteurs les émotions très variées (peur, pitié, crainte, indignation, etc.) qu'il désire leur faire ressentir. C'est de l'intensité de ces émotions que dépendra en effet, pour une large part, l'efficacité du « message » (quel qu'il soit) qu'il veut faire passer.

Au demeurant, nous verrons qu'entre les moyens d'expression comiques et dramatiques de la bande dessinée, il n'existe souvent qu'une marge étroite. C'est ainsi que le « coup de théâtre », dont nous reparlerons très bientôt, n'est rien d'autre... qu'un gag plus ou moins dramatique !

Mais n'allons pas si vite. Voyons, un à un, quels sont tous les moyens dont dispose l'auteur de bandes dessinées réalistes pour faire que son récit soit vraiment captivant...

11. LA « DRAMATISATION » DU RÉCIT

A l'exception d'un certain nombre de récits plus ou moins documentaires ou à caractère de reportage, où l'auteur s'applique à décrire fidèlement ce qu'il voit, un récit en bandes dessinées n'est jamais une simple copie de la réalité.

Tout l'art du créateur de bandes dessinées (comme de l'auteur dramatique) consiste en effet à **dépasser toujours plus ou moins le réel**, pour recréer à partir de celui-ci un univers personnel, **plus vrai que nature**, qui mettra parfaitement **en évidence** ce qu'il désire exprimer. Autrement dit : l'auteur **sublime** toujours plus ou moins la réalité ou il la **dramatise**, selon les circonstances, afin de rendre son propos plus efficace.

Ainsi, dans une bande dessinée réaliste, les personnages comme les décors (une rue, un simple village, un intérieur, etc.) ne seront jamais **insignifiants**, mais toujours recréés, réinventés pour les besoins du récit, dramatisés ou sublimés selon l'ambiance recherchée.

En particulier, tous les décors naturellement insolites, qui possèdent une certaine « charge » dramatique intrinsèque : maisons isolées, abandonnées, délabrées (**fig. 234, 235**), ainsi que toutes les architectures insolites, situées dans des endroits inattendus, constituent un cadre particulièrement intéressant sur le plan dramatique, souvent recherché par les auteurs de bandes dessinées.

Si l'intrigue conduit les personnages dans des décors moins spectaculaires, l'auteur s'arrangera toujours pour en faire oublier la banalité, en présentant la scène sous un éclairage ou sous un angle de vue* qui la dramatise plus ou moins (**fig. 236, 237, 238**), ou qui la sublime (lorsque la scène doit être plutôt apaisante) (**fig. 171**).

En ce qui concerne les personnages, ne pas oublier non plus les effets dramatiques très divers qui peuvent être obtenus par le seul fait de placer ceux-ci dans des situations qui leur conviennent mal. Ce sera, par exemple :

— **La situation d'un personnage se trouvant dans un lieu ou dans une position, inhabituels pour lui.** C'est l'exacte réplique du « comique de situation », vu sous un angle plus ou moins dramatique (**fig. 239**).

— **La situation d'un personnage désarmé (au propre comme au figuré), se trouvant en face d'un danger qui le dépasse** (le « pot de terre contre le pot de fer ») (**fig. 240**).

Pour reprendre une formule qui s'appliquait précédemment à la bande dessinée comique, disons qu'un « méchant » poursuivant le héros désarmé, ce n'est pas très angoissant, trois le poursuivant, ce n'est guère plus angoissant, mais dix ou cent, ce sera très angoissant.

— Tout aussi dramatique sera la **situation d'un personnage se trouvant obligé de se livrer à une activité inhabituelle pour lui**.

Exemple type : un personnage se trouvant dans l'obligation de désamorcer une bombe (au propre comme au figuré) dont il ignore le fonctionnement précis...

Tout cela, cependant, fait encore appel à des ressorts dramatiques très élémentaires. Si nous voulons jouer sur une gamme d'émotions plus subtiles, plus profondes (la crainte, la peur, l'angoisse, le soulagement, etc.), il faut aller plus loin : il faut penser à faire appel à de véritables constructions dramatiques, susceptibles d'apporter plus de **densité psychologique** aux situations où se trouvent placés les personnages...

234

AUX ALENTOURS DE MINUIT, LES ABORDS DU PORT SONT GÉNÉRALEMENT SINISTRES ET PEU SÛRS. CE SOIR, IL SEMBLE QU'UNE SOURDE MENACE ALOURDISSE ENCORE L'ATMOSPHÈRE.

W. Eisner « THE SPIRIT » © W. Eisner

110

Hermann/Greg « **COMANCHE** » © Ed. du Lombard

■ VERS 4 HEURES DU MATIN, DANS LE PLUS GRAND SILENCE, NOUS JETONS L'ANCRE ENTRE DEUX PAVILLONS ANONYMES. TOUT DE SUITE, NOUS NOUS FONDONS DANS LE DÉCOR... ATTENTE...

237

M. Tillieux « **GIL JOURDAN** » © Ed. Dupuis

238

Vu par un artiste de grand talent, le plus banal et le plus morne des décors peut prendre d'inquiétantes proportions...

Caza «**SCÈNES DE LA VIE DE BANLIEUE**» © Dargaud

239

240

QUAND LE SAURIEN FIT DEMI-TOUR, RAHAN RAMPAIT SUR LE REFUGE... OU PLUTÔT IL S'Y TRAÎNAIT, SUR LE DOS, SUR LE VENTRE...

...S'AIDANT DE SES ÉPAULES ET DE SES GENOUX QUE MEURTRISSAIENT LES ARÊTES DES ROCHES.

LE "MONSTRE-A-PEAU-DE-BOIS" EST AUSSI TENACE QUE LE "GORA"!

R. Lecureux/A. Chéret « **RAHAN** » © Vaillant

Gir/Charlier
« **Lt. BLUEBERRY** »
© Ed. Dargaud

12. LES COUPS DE THÉÂTRE

De même qu'un gag ne peut être assimilé à un simple effet comique, de même, un « coup de théâtre », survenant dans une histoire plus ou moins dramatique, ne saurait être confondu avec une simple péripétie du récit.

Un coup de théâtre, en effet, c'est comme un gag : une véritable petite bombe à retardement, conçue et remontée pour exploser à un moment **inattendu** du récit, et **dans un sens exactement opposé à ce que nous pouvions raisonnablement imaginer**. Véritable gag (*) à effet plus ou moins dramatique, le coup de théâtre sera d'ailleurs toujours construit comme celui-ci, en trois temps bien précis :

1er temps : c'est l'exposition d'une situation encore relativement neutre. Imaginons : le héros, abandonné de tous.

2e temps : c'est le développement de l'intrigue **dans un sens qui laisse déjà prévoir le tour que va prendre le récit.**

C'est l'indispensable temps de préparation du coup de théâtre proprement dit, un temps qui s'étalera souvent sur plusieurs scènes ou séquences (contrairement au temps de préparation du gag qui est toujours relativement bref).

Revenons à notre exemple : ... abandonné de tous, notre héros voit venir à lui son plus fidèle ami, bien décidé à lui prêter main forte. Ouf ! Nous respirons. L'image des deux hommes s'entraidant est si rassurante ! Nous ne doutons plus de l'heureuse conclusion de leur entreprise.

3e temps : en général, très bref. C'est le « coup de théâtre » proprement dit : le dénouement de la situation de départ **dans un sens exactement contraire à ce que le temps préparatoire précédent nous laissait entrevoir.**

Revenons à notre exemple : ... **soudain**, voici que le fidèle ami du héros se révèle, par un infime indice, complice des adversaires de celui-ci ! Nous imaginions que le héros était sauvé : le voilà au contraire en danger, plus qu'il ne l'a jamais été ! Coup de théâtre d'autant plus percutant qu'on nous avait **précédemment** persuadé de la fidélité de son compagnon d'infortune !

Fort heureusement, tous les coups de théâtres ne se produisent pas aussi dramatiquement. Certains d'entre eux constitueront au contraire des dénouements heureux, venant brusquement, **contre toute attente**, détendre l'atmosphère dramatique du récit, s'ils ne constituent pas tout simplement le « happy end » final de l'histoire.

En outre, contrairement au gag, qui se suffit toujours à lui-même, un coup de théâtre intervenant dans le cours du récit constituera rarement une fin en soi : ce sera plutôt une bonne occasion de relancer l'intrigue sur de nouveaux chemins... jusqu'au prochain coup de théâtre qui viendra à son tour tout remettre en question, et ainsi de suite...

Il est tout à fait impossible de donner une idée complète de tous les « coups de théâtre » qui peuvent intervenir dans le cours d'une bande dessinée. Citons seulement ceux d'entre eux dont l'effet est toujours très surprenant :

— Ce sera la **révélation** soudaine de la véritable identité d'un personnage...

— La **réapparition** inattendue d'un personnage qui passait pour disparu, mort, etc.

— La **disparition** imprévue d'un personnage (trahison, fuite, etc.)

— Le **revirement** d'opinion ou de sentiments d'un personnage. C'est le coup de théâtre psychologique : le plus subtil d'entre tous. Celui qui offre aussi le plus d'intérêt.

Notons enfin que les « coups de théâtre », tout comme le « mystère » ou le « suspense » dont nous parlerons plus loin, ne sont pas des procédés dramatiques convenant seulement à la bande dessinée policière ou d'aventure. Regardons autour de nous : tous trois font partie de notre vie, même la plus quotidienne. Et il n'y a, en fait, aucun récit qui ne soit susceptible d'être traité, à un moment ou à l'autre, selon l'un ou l'autre de ces procédés. Efficacité oblige !

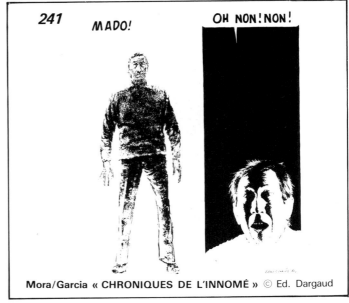

241

Mora/Garcia « CHRONIQUES DE L'INNOMÉ » © Ed. Dargaud

242

M. Tillieux « GIL JOURDAN » © Ed. Dupuis

13. LE MYSTÈRE

Tout ce qui est volontairement tenu secret, caché, obscur, dans le cours d'une histoire (policière ou non), provoque inévitablement un vif **sentiment de curiosité** que l'auteur de bandes dessinées aura parfois de bonnes raisons de vouloir entretenir chez ses lecteurs.

Il aura recours alors au « mystère », qui consiste non pas tant à tenir secrets certains éléments de l'intrigue (**qui** est ce personnage étrange ? **Pourquoi** agit-il ainsi ? etc.) qu'à **faire attendre** la réponse qui sera donnée à la question.

Le propre du mystère, en effet, c'est de **traîner plus ou moins en longueur** et d'aller à sa conclusion par des voies plus ou moins détournées. Naturellement, plus la réponse se fera attendre, plus cela piquera la curiosité du lecteur.

Entre les deux pôles du mystère (l'interrogation et la réponse), nous allons donc accumuler volontairement de fausses informations dans le but de dérouter le héros autant que les lecteurs, et d'exciter la curiosité de ces derniers.

Quant à la réponse, celle-ci sera donnée de préférence petit-à-petit, indice par indice, pour mieux faire durer le plaisir (un « coup de théâtre », trop brutal, ne constitue donc pas, en principe, la meilleure conclusion qu'on puisse donner à un mystère, sauf effet spécial prévu au scénario).

En outre, le mystère pourra se développer dans une bande dessinée sous trois formes très différentes produisant chacune un effet particulier :

Le mystère existant en même temps pour le héros et pour le public :

C'est la forme de mystère la plus courante : le héros de l'histoire et le lecteur ignorent ensemble la solution de l'énigme (ou la réponse à la question qui se pose). Tout deux cherchent donc ensemble la solution du problème...

Le mystère existant pour le lecteur seulement :

Le héros ayant découvert plus ou moins vite la réponse à la question qui se pose (à moins qu'il la connaisse depuis le début), le lecteur restera seul dans l'expectative, seul à tenter de percer un mystère qui n'existe donc plus que pour lui.

Le mystère existant pour le héros seulement :

Par un artifice de narration (la narration parallèle*, par exemple), le lecteur découvrira plus ou moins rapidement la réponse à la question qui se pose (à moins qu'il soit mis dans la confidence dès le début de l'histoire), tandis que le héros continuera à tourner plus ou moins longuement « autour du pot » (quelquefois jusqu'aux dernières pages du récit), ce qui aura généralement pour effet de provoquer chez les lecteurs des émotions fort contradictoires : par exemple, lorsque le héros passera à côté de la vérité sans la voir (tu brûles !), puis s'engagera franchement sur une mauvaise piste (tu refroidis !) et ainsi de suite... Un petit jeu enfantin, certes, mais qui le sera beaucoup moins si l'on nous montre le héros, cherchant, par exemple, **la clef** du bonheur universel. Quel mystère ! Quel suspense !

243

J. Prentice « RIP KIRBY » © K.F.S./Opera-mundi

244

M. Tillieux « GIL JOURDAN » © Ed. Dupuis

14. LE SUSPENSE

En général, on qualifie de « suspense » toute situation ou épisode d'une histoire, provoquant **l'attente anxieuse du dénouement de l'action**. Ainsi, dans une bande dessinée, y aura-t-il « suspense » chaque fois que le héros se trouvera en difficulté, et que nous nous demanderons avec une certaine inquiétude comment s'y prendra-t-il pour s'en tirer ? Suspense également, tant que nous ignorerons le sort d'une bataille, d'une compétition (et en général, de toute entreprise) qui nous tient à cœur.

Le suspense, c'est cela, mais c'est aussi beaucoup plus. Sous une forme plus raffinée, c'est un véritable moyen d'expression dramatique, d'un pouvoir émotionnel peu commun, qu'aucun auteur de bandes dessinées ne peut ignorer.

Pour bien comprendre ce qu'est un véritable « suspense » et juger de ses effets sur le public, le mieux est de nous reporter quelques années en arrière, quand nous étions enfants et que nous assistions aux séances du fameux théâtre Guignol (!)

Souvenons-nous de nos **angoisses** et de nos **palpitations** lorsque Guignol entrait en scène, ignorant la présence du gendarme (le « méchant ») qu'on nous avait montré, l'instant d'avant, se cachant dans les plis du rideau de scène. **Nous connaissions donc le danger qui menaçait notre héros. Mais lui, l'ignorait.**

Souvenons-nous alors de nos émotions et de nos réactions à ce moment du « drame », rappelons-nous des hurlements par lesquels nous voulions **avertir** Guignol du danger qui le menaçait, et nous aurons une idée très précise de **l'intensité dramatique** qui caractérise le suspense et de l'extraordinaire impact émotionnel que celui-ci peut produire sur le public.

Car, bien entendu, lorsque nous assistions à une séance de Guignol, nous vivions sans le savoir notre premier véritable « suspense ».

Le suspense, en effet, c'est le procédé, vieux comme le monde, qui consiste à **dévoiler par avance au public les dangers qui menacent un personnage, et que ce dernier ignore** : nous avons les yeux ouverts, mais lui est aveugle. Et il avance au-devant d'un précipice... Et nous sommes obligés d'assister à la scène sans pouvoir y remédier (**fig. 245**). On imagine sans difficulté l'effet que va produire sur nous une telle situation : d'abord, **l'angoisse** grandissante de voir notre héros s'en aller inconscient au-devant du danger, jusqu'à le frôler (**fig. 247-248**). Puis le **soulagement** de le voir s'en écarter plus ou moins, et de nouveau **l'anxiété** lorsque celui-ci s'en approche de nouveau. Et ainsi de suite...

En somme, si les coups de théâtre sont faits pour provoquer la **surprise**, et le mystère* pour attiser la **curiosité**, avec le « suspense » nous allons systématiquement **jouer sur les nerfs du public**, en le soumettant à une suite de chocs émotionnels contradictoires : angoisse, soulagement, angoisse, etc., allant **crescendo** à mesure que le suspense se développera et qu'il approchera de sa fin.

Toutefois, pour que le suspense soit réellement efficace, encore faudra-t-il respecter certaines règles :

Le personnage, objet du suspense, sera obligatoirement sympathique : c'est évident : comment pourrions-nous **trembler** pour un individu antipathique ?

Le personnage, objet du suspense, sera de préférence faible ou désarmé : c'est encore évident : plus le personnage sera **vulnérable**, plus notre angoisse de le voir succomber sera vive.

Le personnage, objet du suspense, sera donc très souvent une « faible » femme ou un enfant (ce sont là les personnages vedettes de la plupart des « suspense » cinématographiques) (**fig. 245, 246**).

Si le personnage est mieux armé pour faire face au danger (s'il s'agit du héros de l'histoire, par exemple), on s'arrangera au moins pour placer celui-ci en état d'infériorité : blessure, maladie, personnage entravé (au propre ou au figuré), etc.

Pour que le « suspense » prenne un tour véritablement angoissant, il est essentiel que le danger qui menace le personnage soit particulièrement redoutable (ce sera le plus souvent un danger de mort).

Selon les cas, ce danger pourra se présenter sous des formes très diverses :

— Ce sera souvent un **complot**, une **machination** criminelle, dirigés contre le héros.

— Une bande de **dangereux malfaiteurs** préparant un mauvais coup : assassinat, rapt, putch militaire, etc.

— Ou encore, un être à la **personnalité trouble** : femme « fatale », fou dangereux, etc. Et, dans ce cas, nous assisterons souvent à un suspense psychologique : le plus subtil d'entre tous.

— Parfois aussi, la menace viendra d'un **lieu dangereux** dont le héros ne se méfie pas : sables mouvants, etc.

— Ou enfin, d'un **objet dangereux**. Exemple type : la bombe à retardement (au propre ou au figuré) que le héros transporte dans une valise sans le savoir...

Bien entendu, pour que le « suspense » fonctionne parfaitement, il est essentiel que les lecteurs aient été préalablement mis au courant du danger qui menace le personnage. Mais aussi, il faut que celui-ci ignore totalement la menace qui pèse sur lui ou, du

J. Prentice « RIP KIRBY » © K.F.S./Opera-mundi

moins, qu'il ignore la **nature** exacte de ce danger (quels sont les moyens utilisés par ses adversaires, etc.), sans quoi, le « suspense » se trouverait ravalé au rang d'une simple péripétie du récit.

Enfin, tout comme le mystère*, **un suspense est en principe fait pour durer**. Son rythme sera plutôt lent, et il s'étalera généralement sur plusieurs scènes ou séquences (si ce n'est pas tout le long du récit). Un bon suspense doit en effet se traduire par une lente montée de l'angoisse, allant **crescendo** jusqu'à atteindre un paroxysme insoutenable... jusqu'au moment du dénouement, souvent heureux, qui nous permettra enfin de respirer un peu ! Du reste, cela n'empêchera pas de couper le récit, aux moments les plus palpitants du suspense, par d'innocentes scènes intermédiaires (vues en narration parallèle*, par exemple) qui ne feront qu'exacerber un peu plus l'envie que nous avons de connaître la suite...

Quoique cela n'ait qu'un très lointain rapport avec ce qui précède, il faut parler maintenant d'un procédé connu de tous les auteurs de « séries à suivre », qui consiste à faire rebondir l'intrigue du récit (par un petit coup de théâtre, etc.), en bas de la page qui termine chaque parution (toutes les deux pages lorsque le récit paraît sur deux pages, toutes les quatre pages s'il est publié sur quatre pages, etc.), et à ne révéler la nature de ce rebondissement qu'au début de la page suivante. S'agissant d'une série à suivre, les lecteurs devront donc attendre la prochaine parution pour connaître le dénouement de la scène en question. Il s'agit-là d'un petit suspense entretenu dans le temps, de semaine en semaine, qui offre l'avantage évident de piquer au vif la curiosité des lecteurs... et donc de s'assurer de leur fidélité ! Le tout sera de savoir bien préparer la venue de ces petits suspenses successifs, surtout en prenant soin qu'ils s'intègrent parfaitement à l'action. En revanche, le truc consistant à faire rebondir l'intrigue en bas de **toutes** les pages du récit paraît bien systématique. A de très rares exceptions près, il vaut donc mieux s'en abstenir.

Aujourd'hui, ce procédé est cependant assez souvent critiqué, comme faisant un peu vieux jeu. Plutôt qu'ergoter sur la question, pourquoi ne laisserions-nous pas chaque auteur se déterminer librement ?

Ou bien celui-ci s'applique à raconter une histoire qui cherche à faire réfléchir son public plutôt qu'à le distraire, et il peut éventuellement renoncer à utiliser ce procédé, en effet un peu superficiel pour convenir à son propos.

Ou bien, il ambitionne de distraire ses lecteurs et de les passionner en les tenant perpétuellement en haleine, et il pourra utiliser ce vieux « truc » sans aucun complexe (s'il est utilisé avec mesure et à propos, évidemment). Certains spécialistes bouderont peut-être : le public, non. Car le public ne boude jamais lorsque, de connivence avec lui, on joue sur son insatiable curiosité : Monsieur Hitchkock en savait quelque chose !

247

B. de Moor « BARELLI » © Ed. du Lombard

248

IL MARQUE UN TEMPS D'ARRÊT, S'ENGAGE RÉSOLUMENT DANS L'ESCALIER...

W. Eisner « THE SPIRIT » © W. Eisner

246

L. Starr « MARY PERKINS ON STAGE » © Chicago Tribune

15. LES DIALOGUES

Les dialogues, — conversations, monologues, réflexions, interjections —, par lesquels les personnages **s'expriment** (et à travers lesquels l'auteur va lui-même **communiquer** ses idées), constituent l'élément « littéraire » d'une bande dessinée, auquel on n'accordera jamais trop d'attention : attention aux **bavardages inutiles** qui pourraient venir casser le rythme d'une belle scène d'action, attention aux **explications tarabiscotées** qui finiraient par décourager le lecteur le plus attentionné, attention aux **dialogues plats, insignifiants**, qui distillent inévitablement l'ennui, attention, attention...

Et pour commencer, essayons de **personnaliser** nos dialogues, faisons en sorte qu'ils aient un certain style...

Le style des dialogues :

Quoi de plus ennuyeux que des personnages s'exprimant dans un langage toujours égal, neutre, monotone, qui ne tient aucun compte de leur personnalité ?

Selon son **tempérament**, son **éducation**, son **milieu social** ou sa **nationalité**, chaque être humain a une façon **bien à lui** de s'exprimer, dont l'auteur de bandes dessinées ne peut pas ne pas tenir compte. Au contraire, c'est pour lui une occasion unique de compléter le portrait physique de ses personnages et de leur donner une **épaisseur psychologique** qu'ils n'auront jamais sans cela.

Ainsi, le discours d'un **diplomate**, d'un **homme politique** ou d'un **commerçant aimable** sera souvent plein **d'enjolivures** (les dialogues ont alors tendance à envahir l'image), alors que le langage de **l'homme d'affaires**, qui n'a pas de temps à perdre en vaines parlotes, sera naturellement plus **cassant**, plus bref.

De son côté, **l'intellectuel** (le professeur, le savant, etc.) aura tendance à être sentencieux, s'il n'est pas abscons. Et nous avons aussi le langage **raffiné** sinon précieux de **l'aristocrate**, **l'argot populaire**, le **parler paysan**, le **jargon administratif**, etc.

En outre, le langage des personnages sera souvent nuancé, personnalisé, par l'apport d'expressions originales (tournures de phrases, tics de langage, etc.) inventées de toute pièce par le dialoguiste. Voyez, — écoutez —, par exemple, les célèbres apostrophes du capitaine Haddock (**fig. 251**). Oserait-on les placer maintenant dans la bouche d'un autre que lui sans parler de plagiat ?

Le ton des dialogues :

En outre, selon les émotions ou les sentiments qui les animent, les être humains s'expriment rarement sur un ton égal, tout le long d'une conversation.

Cela aussi peut se traduire **expressivement** dans une bande dessinée, par un artifice graphique **consistant à tracer le texte des dialogues** en caractères d'autant plus gros et gras que le personnage élévera la voix.

On obtiendra ainsi une gamme très étendue de sons, allant de la conversation normale (**fig. 256, cases 1 et 2**) aux cris et vociférations (**fig. 256, cases 3 et 4**), en passant par le simple **martèlement des mots** lorsqu'un personnage élève la voix ou qu'il donne des ordres, etc. (**fig. 255, case 1**).

Le débit des dialogues :

De plus, selon la personnalité qui est la leur, les personnages ne débitent pas toujours uniformément leur texte : il y a, par exemple, le discours hésitant du timide et, de l'autre côté, les interminables tirades du bavard, toutes choses qu'on pourra également expressivement traduire dans une bande dessinée : parfois le texte envahira **volontairement** l'image, en longues phrases compactes, sans respirations naturelles, pour traduire les longs bavardages et l'élocution facile d'un certain personnage (bavard, vendeur, coquette, homme politique, etc.) (**fig. 252**).

En revanche, lorsqu'un personnage de tempérament moins **expansif** aura à dire une longue réplique ou à fournir de longues explications, les textes seront plutôt répartis sur plusieurs images successives. Ainsi, existera-t-il un certain nombre de **respirations naturelles** entre les différentes parties du discours : et le personnage ne donnera pas la fâcheuse impression de débiter son texte sans jamais reprendre son souffle.

S'il n'est pas possible d'étaler le discours du personnage sur plusieurs images, le texte sera alors souvent réparti sur une seule image, **dans plusieurs bulles plus ou moins juxtaposées**. Ainsi gardera-t-on les indispensables respirations naturelles sans lesquelles le texte pourrait paraître trop mécaniquement débité (**fig. 254, 251, 253**).

Enfin, le dénouement d'une histoire exige presque toujours des explications un peu longues : il faut « boucler » l'histoire, expliquer le pourquoi et le comment de tout ce qui est arrivé dans le cours du récit, ce qui conduit inévitablement à beaucoup faire parler les personnages : les dialogues envahissent alors et parfois débordent les toutes dernières images de la série... Cet envahissement soudain des images par le texte, outre qu'il est inesthétique, donne presque toujours l'impression d'une fin baclée. Aussi, un bon scénariste s'arrangera toujours pour **préparer suffisamment à l'avance le dénouement de son histoire**. Il dévoilera les aboutissants de l'intrigue petit à petit sur un nombre d'images ou de pages suffisants, de sorte que le récit puisse se terminer en souplesse.

Parfois, on ira même jusqu'à prévoir à la suite des explications finales, une toute petite scène ou même un petit gag* qui bouclera le récit tout en douceur : le **mot de la fin**, en quelque sorte.

JACK T'ATTEND À DEAD MAN GULCH... ET IL TIRE COMME L'ÉCLAIR !...

OUAIS... IL A JURÉ SUR UNE PILE DE BIBLES QU'IL AURAIT TA PEAU !...

OUAIS... UNE PEAU COMME UNE PASSOIRE...

OUAIS !... TU SERAS FROID AVANT D'AVOIR EU LE TEMPS DE DÉGAINER, LUKE !...

OUAIS... SES PILULES TE GUÉRIRONT D'UNE SALE HABITUDE... L'HABITUDE DE RESPIRER !

OUAIS... PAS LA PEINE DE RETENIR UNE CHAMBRE À L'HÔTEL ... TU DORMIRAS AU CIMETIÈRE ...

OUAIS... ET D'UN SOMMEIL DE PLOMB, HÉHÉ..

OUAIS... "CI-GIT LUCKY LUKE, MORT LES BOTTES AUX PIEDS, POUR AVOIR FOURRÉ SON NEZ OÙ IL NE FALLAIT PAS !...

OUAIS... CHAQUE ANNÉE NOUS IRONS FLEURIR TA TOMBE ...

Morris « LUCKY LUKE » © Ed. Dupuis

LAGAFFE ! VOUS ÊTES LE GARÇON DE BUREAU LE PLUS MAUVAIS DU MONDE !

Franquin « GASTON LAGAFFE » © Ed. Dupuis

Pour donner une juste idée du **débordement** d'injures qui s'adressent à Gaston, le texte, en caractères **agressivement** noirs, envahit volontairement le cadre jusqu'à **le déborder** : l'auteur a trouvé instinctivement le juste **équivalent graphique** de l'idée qu'il avait à exprimer. Efficace !

OUF ! ÇA VA MIEUX !...

IL NE FAUT PAS QUE J'OUBLIE DE POSTER LA LETTRE ...

À ONCLE STEVE... QUELLE SURPRISE IL VA AVOIR !

M. Caniff « STEVE CANYON » © Field Entreprises Inc.

Sapajou ! Marchand de tapis ! Paranoïaque ! Moule à gaufres ! Cannibale !...

Ornithorynque ! Boit-sans-soif ! Bachi-bouzouk !... Anthropophage ! Cercopithèque !... Schizophrène !... Heu... Jocrisse !...

Inutile, capitaine. Il est trop loin, maintenant.

Ah ! vous croyez ça, vous !... Eh bien ! il n'a pas fini de m'entendre !

Hergé « TINTIN » © Casterman

ON NE RÉFLÉCHIT PAS ASSEZ À CE QUE SERAIT UNE VIE SANS LOISIRS. POUR LES APPRÉCIER À LEUR JUSTE VALEUR, IL FAUT COMPARER UNE JOURNÉE DE LOISIRS AVEC UNE AUTRE, ORDINAIRE, C'EST ÉDIFIANT.

PRENEZ LE MOMENT OÙ JE VOUS PARLE : NOUS NAGEONS EN PLEIN LOISIR... OBSERVONS.

Greg « ACHILLE TALON » © Ed. Dargaud

PARFAITEMENT, VOUS ! SI ON TRANSFORMAIT VOTRE AMOUR DE VOUS-MÊME EN ÉNERGIE, ÇA DÉVELOPPERAIT UNE FORCE SUFFISANTE POUR ENVOYER LA COLONNE VENDÔME SUR ORBITE ! ET LE TÉLESCOPE DU MONT PALOMAR (508 CM DE DIAMÈTRE AU MIROIR, PORTÉE : DEUX MILLIARDS D'ANNÉES-LUMIÈRE) N'ARRIVERAIT PAS À DÉCELER LE PLUS PETIT GRAIN DE MODESTIE DANS VOTRE PERSONNE POURTANT ADIPEUSE ! VOILÀ CE QUE JE PENSE !

ME FAIS-JE BIEN COMPRENDRE ?

Greg « ACHILLE TALON » © Ed. Dargaud

255

HALTE, GAULOIS! AU NOM DU GOUVERNEUR DIPLO-DOCUS, REPRÉSENTANT DE CÉSAR, HALTE!

ÉCARTEZ-VOUS!

HOTCH!

256

R. Goscinny/A. Uderzo « ASTERIX » © Ed. Dargaud

CRAVACHEZ!... NOUS LES TENONS!... PAS LE MOINDRE COUVERT OÙ ILS POURRAIENT SE TERRER!... EN AVANT!

BUDINGTON!... DEMI-TOUR!... ÇA SENT MAUVAIS, C'EST UN PEU TROP FACILE!

...C'EST POUR MIEUX NOUS EXCITER QU'ILS RALENTISSENT L'ALLURE!

UN GUET-APENS?!... IMPOSSIBLE!... LE TERRAIN EST NU HEY!... VOICI LE SOMMET... ET...

OH!?

EN AVANT! QUE PAS UN DE CES CHIENS N'EN RÉCHAPPE!

J.M. Charlier/J. Giraud « Lt BLUEBERRY : Général Tête Jaune »
© Ed. Dargaud

1	2
3	4

16. LES SYMBOLES ET GRAFFITIS

M. Walker « BEETLE BAILEY » © King feature Syndicate

Donner d'un seul coup d'œil une vue complète d'un personnage, en faire le portrait physique en même temps que psychologique, donner une idée précise de ce qui se passe au fond de lui (ses pensées les plus secrètes, ses rêves, etc.) en même temps qu'on le voit agir, le bon docteur Freud n'en reviendrait pas !.

C'est une chose pourtant tout à fait courante dans la bande dessinée, où l'on voit souvent les pensées des personnages, venant s'inscrire dans des « bulles » au-dessus des intéressés, sous forme de **symboles ou de graffitis** de différente nature (**fig. 257**).

Ces symboles, — relativement conventionnels, mais qui peuvent être nuancés, combinés de mille façons par l'auteur selon la personnalité du personnage auquel il les attribue —, sont au demeurant si nombreux, variés et expressifs qu'il n'y a aucun sentiment humain, aucune émotion, qui ne

puisse s'exprimer à travers eux.

Naturellement, un auteur imaginatif aura toujours la faculté d'en inventer de nouveaux, sous condition que ceux-ci soient véritablement **expressifs** et ne constituent pas un rébus indéchiffrable pour le lecteur.

Fréquemment utilisés dans la bande dessinée comique (**fig. 257 à 266**), les symboles et graffitis le sont beaucoup moins dans la bande dessinée réaliste, alors que rien ne s'oppose à leur utilisation : par exemple, pour illustrer — sous une forme évidemment plus réaliste — les **souvenirs** ou les **pensées** d'un personnage (**fig. 269, 270**), sinon pour révéler sa **personnalité profonde** (par exemple, les pensées d'un personnage, visualisées dans une « bulle », seront en contradiction profonde avec ses paroles ou son comportement, etc.).

Franquin « GASTON LAGAFFE » © Ed. Dupuis

Roba « BOULE ET BILL »
© Ed. Dupuis

B. de Moor « BARELLI »
© Ed. du Lombard

Franz/Vicq « KORRIGAN » © Ed. du Lombard

Dupa « CUBITUS » © Ed. du Lombard

120

PETIT DICTIONNAIRE
DES SYMBOLES
ET GRAFFITIS
utilisés
dans la bande dessinée

Duc © Dupuis

Roba « BOULE ET BILL » © Ed. Dupuis

Symboles évoquant les émotions élémentaires (interrogation, exclamation, perplexité...) :

Le point d'interrogation et le point d'exclamation. Naturellement, plus l'exclamation (ou l'interrogation) sera forte, plus leur graphisme sera épais. Souvent, on verra aussi les points d'exclamation ou d'interrogation se multiplier ou se dédoubler à la mesure de l'émotion ressentie.

Symboles évoquant les états d'âme des personnages :

Les états d'âme des personnages seront plus subtilement suggérés, soit par un seul symbole venant s'inscrire dans une « bulle » (**fig. 256**), soit par une association de différents symboles dans la même « bulle », venant très précisément illustrer le sentiment qui anime le personnage. Ce sera, par exemple :

Les symboles d'agressivités (fig. 258 à 261) :

Crâne, tibias entrecroisés, pavillon de pirate, gants de boxe, pistolet ou canon faisant feu, grenade, bombe dont la mèche brûle, couteau planté dans un dos, marteau, explosions diverses, éclairs, etc.

Selon les associations choisies, ces symboles exprimeront : la colère, la fureur, la haine, l'animosité, l'hostilité, etc.

Les symboles d'évasion (farniente, repos, paresse, etc.) :

Soleil, palmiers, bord de mer, plage, parasol, yacht, hamac, barreaux de prison tordus, etc.

Symboles d'optimisme (euphorie, joie, bonheur, etc.) :

Fleurs, papillons virevoltants, cloches sonnant à toute volée, etc.

Souvent associés à des symboles d'évasion (voir ci-dessus).

Symboles de réussite :

Couronne de lauriers, auréole de Saint, statue, etc.

Symboles de réussite matérielle (richesse, etc.) :

Coffre fort bien rempli, tas de pièces d'or, diamant scintillant, gros cigare, etc. (voir aussi : symboles d'optimisme).

Symboles de pauvreté (faim, etc.) :

Arêtes de poisson dans une assiette, ceinture au dernier cran, poches vides, corde de pendu, ossements, etc.

Symboles de pessimisme (idées noires, etc.) :

Corbillard, corde de pendu, tombe, barreaux de prison, guillotine, etc.

Symboles sentimentaux (fig. 263-264) :

Cœur, cœur brisé, guirlande de cœurs, cœur transpercé d'une flèche, « amour » mythologique tirant à l'arc, lèvres, jolie fille souriante, etc.

Symboles de trahison :

Couteau planté dans le dos, coup de massue, visage masqué, etc. Souvent associés à des symboles de pessimisme (voir ci-dessus).

Symboles de duplicité :

Personnage enveloppé dans une cape, visage masqué, etc.

Symbole de sommeil :

Une scie coupant une bûche évoquera souvent les ronflements du dormeur.

Symboles musicaux (fig. 262) :

Notes de musique, portée musicale, chef d'orchestre, violoniste, etc.

Idée lumineuse :

Une ampoule allumée ou une bougie (si l'idée est moins bonne), des points d'exclamation, etc.

265
M. Lazarus « MISS PEACH » © Publishers Newspaper Syndicate

266
Bara «MAX L'EXPLORATEUR» © Lombard

B. de Moor « BARELLI » © Ed. du Lombard

268
LE LACHE BATTIT EN RETRAITE, PROFÉRANT LES PIRES OBSCÉNITÉS!

J.C. Claeys « MAGNUM SONG » © Casterman

269
D. Ceppi « A L'EST DE KARAKULAK » © Humanoïdes associés

270
OH, MON CHÉRI! JE T'ATTENDS!

Falk/Barry « LE FANTÔME » © K.F.S./Opera-mundi

17. LES ONOMATOPÉES

Les onomatopées, ce sont des mots dont le son imite celui des objets qu'ils représentent, ou qui reproduisent les sons de la nature, grâce auxquels le « bruitage » expressif des bandes dessinées n'a rien d'illusoire.

Les onomatopées existant à l'état pur dans la langue française sont assez rares : ce sont, par exemple, le TIC-TAC d'une pendule ou le PING-PONG d'une balle de celluloïd rebondissant sur une table. Aussi, les auteurs de bandes dessinées se sont-ils trouvés dans l'obligation de créer de toute pièce un certain nombre d'onomatopées originales, susceptibles de reproduire phonétiquement à peu près tous les bruits de la nature.

Un « vocabulaire » sonore s'est ainsi peu à peu constitué, dont on trouvera l'essentiel dans le « dictionnaire élémentaire des onomatopées » qui fait suite à ce chapitre. Précisons néanmoins que les onomatopées qui y figurent ne constituent qu'un vocabulaire de base qui peut être nuancé selon l'effet sonore précis que l'on cherche à obtenir. Ainsi, il suffit généralement de multiplier certaines lettres d'une onomatopée (en général, les voyelles) pour obtenir des sonorités très différentes, plus ou moins aiguës ou discordantes, selon les cas. Par exemple, PLOF, correspond à un son bref relativement étouffé (celui d'un objet léger tombant à l'eau), tandis que PLOUF ou PLOOOF suggère plutôt le son d'un objet lourd et volumineux, déplaçant par conséquent une plus grande masse de liquide en tombant à l'eau. Comparons aussi : TUT et T-U-U-U-U-T.

A ce sujet, notons que les voyelles « O et U », redoublées ou non, évoqueront toujours des sons plutôt graves, étouffés, creux, mous (POF, BOUM, OOOH, etc.), tandis que le « I » suggérera au contraire des sons aigus, métalliques (ZIIIP) sinon stridents (HIIIIII ou DRIIIIIIN, etc.). Quand au « A », il produira généralement des sons intermédiaires secs, non métalliques (CLAC, CALP, CRAAAAAC, etc.)...

En outre, par association de voyelles phonétiquement différentes, on pourra fort bien **moduler** les sons, de l'aigu au grave ou inversement : par exemple, un AÏE ! de douleur ou le HII-HAN de l'âne, ou bien, par certains artifices graphiques, suggérer **l'intensité** des différents sons : dans ce cas, plus l'onomatopée viendra s'inscrire dans l'image en gros caractères, lourds et noirs, plus ceux-ci donneront l'idée d'un bruit assourdissant, éclatant ou envahissant, selon les cas (**fig. 271-275**).

En outre, si l'onomatopée vient s'inscrire dans l'image en caractères plus ou moins grossissants, on pourra suggérer très expressivement le **crescendo** du bruit ou, à l'inverse, son decrescendo (**fig. 276**).

Enfin, si le graphisme des caractères est plus ou moins tremblé, si les lettres, volontairement mal alignées, se chevauchent plus au moins, cela pourra suggérer non moins expressivement les **vibrations sonores** plus ou moins discordantes que produit le son en question (phénomène d'écho, etc.) (**fig. 273, 276, 280**).

Le tout sera de prendre garde que la « bande sonore » ne vienne pas envahir les images sans raison valable, quelle intervienne au contraire à des moments soigneusement **choisis**, lorsqu'elle est susceptible de soutenir réellement l'action des personnages ou de renforcer expressivement l'ambiance générale de l'image (**fig. 277**)...

271

Greg « ACHILLE TALON » © Ed. Dargaud

272

DICTIONNAIRE
ÉLÉMENTAIRE
DES ONOMATOPÉES

A

ABEILLE : (voir INSECTE)

ABOIEMENTS : OUAH ! OUAH ! - WHAF ! - WAF ! - WHOUAF !

ACCLAMATIONS : HOURRA !

ÂNE : HI-HAN - HI-HAN

APPLAUDISSEMENTS : CLAP-CLAP ! - KLAP-KALP !

AUTOMOBILE : (voir MOTEUR)

AVERTISSEUR : (automobile) TUT ! - TUUUT ! - T-U-U-U-U-T ! ; (vieux klaxon) COIN-COIN - POUÊT-POUÊT ; (voiture de pompiers) PIN-PON-PIN-PON

AVION : (voir MOTEUR) ; (supersonique) BANG !

APPEL : HEP ! - HELP ! - HÉ ! ; (entre les dents) PSSSSST-KSSSS ; (au loin) OHÉ ! - OOOHÉÉE !

B

BAL : (orchestre) FLON-FLON...

BÉBÉ : AREU-AREU

BÊLEMENT : (mouton) BÊÊÊÊÊÊÊ

BOIRE : GLOU-GLOU - GLOUP-GLOUP ; (goulûment) GOUL-GOUL

BRUITS SOURDS : (déménagements, etc.) BAOUM - BADABOUM - RAMDAM

C

CHAT : (miaulement) MIAOU ; (lapant du lait) LAP-LAP ; (ronronnement) RON-RON

CHUTE : (d'un corps sur le sol) POUF !-PAF ! - PATATRAS - SPLAF ! - BAM ! ; (d'un corps dans l'eau) PLOUF ! - POF ! - SPLOUF ! - SPLAF ! - GLOUP ; (sur une surface métallique) DING - BING - DONG - BONG

CHOC : (violent) BING·! - CRAC ! - CRAAAC ! - KRAAAK ! - CRASH ! - BANG ! ; (sur objet métallique creux) DOIIING...

CLAPOTIS : (eau, vagues, etc.) CLAP - CLAP.

CLAQUE : (voir GIFLE)

CLAQUEMENT : (fouet, etc.) CLAC - CLAAAC - CLAK - SPLATCH ; (bois sur bois) CLAP ; (des dents) CLAC-CLAC - AGLAGLA - AGLE AGLE

CLIQUETIS : CLIC-CLIC

CLOCHE : (d'église) DING-DONG ; (grosse cloche, bourdon, etc.) DONG-DONG - BONG-BONG ; (dans le lointain) DIN-DIN - TIN-TIN

COASSEMENT : (grenouille) COÂÂÂÂ-COÂÂÂÂ

COCHON : (grognement) GROIN-GROIN

COLÈRE : (grognement) ARGN ; (rentrée) GREEEEU

COQ : COCORICÔÔÔÔÔ

COUP : (sec) PAF ! - CRAC ! - PAF ! - BANG ! ; (de cravache) STICK ! ; (de poing) BING ! - SPLAF ! - TCHAC ! - POIING - THAN ; (coup de feu : fusil, révolver) BANG ! - PAN ! - PAW ! - PIAW ! ; (mitrailleuse) TATAATATA - TACATA-CATA - TA-TAC-TAC ; (canon) BAOUM - BOUM

COURT CIRCUIT : (électrique) SCHLAF ! - SCRATCH !

CRI : (de douleur) OUAÏE ! - AÏE ! - WHOUAAAH ! ; (de joie) YÉÉÉÉÉH ! - HOURRA ! - HIPIPIPHOURRA ! ; (d'étonnement) OOOH ! ; (de frayeur) AAAAH ! - AIEEEE ! - IIIIII ! ; (petit cri d'étonnement) HEEEEE ?

CRISSEMENT : CRIIIII - CRIIIS - CRIIIS ; (de chaussures neuves) CRITCH-CRITCH - CRATCH ; (de pneus) CRIIIIIII - IIIIIII

D

DÉCHIREMENT : (papier, étoffe, etc.) CRAAATCH - SCRAAATCH

DÉCLIC : CLIC - CLAC - FLIP - PLIP

E

ECRASEMENT : (d'une manière molle) SPLAF ! - POF ! - POUF ! - PLOUF ! ; (d'une matière solide) CRAC ! - CRAAAAC ! - CRASH ! - CRAAAK !

EFFORT VIOLENT : HAN ! - IIIAAARRRR !

ETERNUEMENT : HAT... HAT... HATCHOUM

ETOFFE : (froissement) FROU-FROU

ETRANGLEMENT : (gargouillements) GARGL - ARGL

EXPLOSION : BAOUM - BOUM - BOOOOM - BOMBADABOUM !

F

FERMETURE : (rideau de fer) ZIP ; (fermeture éclair) ZIIIIIP

FRAPPER : (à une porte) TOC-TOC ; (du poing, à une porte) PAN-PAN ; (avec un objet creux) CLONC - BONG - GONG ; (sur du métal) KONNNNG ; (sur du métal creux) DOIIIING ; (du pied avec impatience) TAF-TAF - TAP-TAP

FROISSEMENT : (voir ETOFFE)

FUITE : (d'un liquide, de gaz, etc.) PCHHHHHH - PCHIIIII

G

GALOP : (cheval) TAGADA-TAGADA - TABADA-TABADA

GIFLE : BAF ! - SPLAF ! - PAF ! - SPAF ! - BING !

GRATTEMENT : SCRATCH-SCRATCH

GRÉSILLEMENT : (électricité) ZZZZZZZZZ ; (moteur) CRIIIITCH

GRINCEMENT : (porte métallique) CRIIIII - IIIIII

GROGNEMENT : GREU - GREEEEEUUUU - GRRRRR ; (d'animal sauvage) GRRRR - GROAAR

H

HORLOGE : TIC-TAC ; (sonnerie) DONG-DONG

HÉLICOPTÈRE : (vol) FLAP-FLAP ; (voir aussi MOTEUR)

HENISSEMENT : (cheval) HIIIIIIII

HURLEMENT : (de douleur) WHOUAH ! - WHOOOAH ! - HOULA ! ; (voir aussi CRI)

L

LIQUIDE : (projection de) SPLATCH ; (coulant) GLOU-GLOU - GOUL-GOUL - COUL-COUL ; (bouillonnant) PSCHIIII ; (gazeux) PSCHIIIIT

M

MACHINE : (à coudre) TIKETIKETIC - TIC-TIC-TIC-TIC ; (d'usine) BAM-BAM - BONG-BONG ; (à écrire) TAC-TAC-TAC - TACATACATA

MANGER : (aliments liquides, soupe...) SLURP - SLUUUUURP ; (aliments solides) SCRUNCH - SCROTCH - CRATCH-CRATCH ; (de bon appétit) MIAM-MIAM

MARCHER : (sur un vieux plancher) CRAAAC - CRAAAAAC ; (voir aussi CRISSEMENT) ; (sur un sol mouillé) FLIP-FLAP ; (dans la boue) PLATCH - FLOC - SPLATCH ; (d'un éclopé) CLOP-CLOP ; (sur les pavés) CLAP-CLAP - TAP-TAP

METAL : (voir CHOC)

MOTEUR : (vieille voiture) TEUF-TEUF, PEUF-PEUF, (de course) : VROOOOM-VRAOUM

MUSIQUE : (voir BAL, VIOLON, TROMPETTE)

O

OBJETS VOLANTS : (légers) VRRRRRR - PFFFFFFT - PFIIIIIT

OISEAU : (battement d'ailes) FLAP-FLAP-FLAP - FLIP-FLIP ; (cris) CUI-CUI

ORAGE : (foudre) SCRAAAATCH ; (tonnerre) BAOUMBADABOUM ; (voir aussi PLUIE)

P

PAS : (bruits de) (voir MARCHER)

PENDULE : (voir HORLOGE)

PLUIE : PLOC-FLOC - FLIP-FLIP

PORTE : (claquement) CLAC ! - KLAC N

POULE : (ponte) COT-COT-COTCODÊÊÊÊT

PLEURS : HIIIII-HIIIII ; (reniflements) SNIF-SNIF

R

RACLEMENT : (métal contre bois) CRAAAAASH ; (métal contre métal) CRIIIIISH

RENIFLEMENT : SNIF-SNIF

RESSAC : (mer contre quai, rocher...) CLAP-CLAP-CLAP

RIRE : AHAHAHAHAH ! - OH ! OH ! AH ! AH ! AH ! - HI ! HI ! HI ! ; (gros rire) WHA HA ! HA !

RONFLEMENT : (dormeur) Z Z Z Z Z Z Z Z Z Z Z - RRRRRRRR

ROULEMENT : (objet lourd sur le sol) BADONG-BADONG

S

SCIE : Z Z Z Z Z Z Z

SIFFLET : TRIT - TRIIIIIIT - TRIIII - TRRRRRRRIT

SONNERIE : (téléphone) DRIIIING - DRIIIIIN ; (trompette) TARATATA - TSOIN-TSOIN ; (électrique, alarme...) DRIIIN - TUUUUT - UUUUT

SONNETTE : (porte d'entrée) DILING-DILING ; (clochette) DRELIN-DRELIN

SIRÈNE : (bateau, usine...) TUUUUUT ; (voir aussi AVERTISSEUR)

SOUFFLER : (après un effort) OUF - HOUF

SURPRISE : (voir CRI)

T

TÉLÉPHONE : (voir SONNERIE)

TREMBLEMENT : (de froid) AGLAGLA ; (voir aussi CLAQUEMENT)

TROMPETTE : (voir SONNERIE)

V

VENT : (dans les arbres) WHOU-OU-OU-OU...

VERRE : (choc sur un) DIIIING ; (sur un verre de cristal) DIIIIIIIIIIIIIING ; (se brisant) CRASH - GLING - GLIIIING

VIOLON : IIIIIII ; (interprétation déplorable) CRIN-CRIN

VOLETS : (fermeture) CLAP

VIBRATIONS : DOIIING

273

Dupa « CUBITUS » © Ed. du Lombard

Greg « ACHILLE TALON » © Ed. Dargaud

274

M. Tillieux « GIL JOURDAN » © Ed. Dupuis

278

Filippini/Rossi « UN TAXI EN ENFER » © Glénat

276

277

279

R. Durand/P. Sanahujas
« LES DIRIGEABLES DE L'AMAZONE »
© Ed. Glénat

R. Lecureux/A. Chéret « RAHAN »
© Vaillant

Servais/Dewamme « TENDRE VIOLETTE »
© Casterman

280

D. Hé « LE VAISSEAU » © Humanoïdes associés

TROISIÈME PARTIE

LA REALISATION GRAPHIQUE

Quand l'histoire qu'on se propose de raconter en images se trouve entièrement écrite, scène par scène, plan par plan, sous forme d'un « découpage » aussi précis que possible, le temps est venu où le scénariste va s'effacer pour laisser place au dessinateur. C'est le moment important où l'œuvre écrite va prendre sa forme définitive, le moment où le dessinateur, utilisant toutes les ressources de son art, va **traduire en images** les intentions de l'auteur (s'il n'est pas lui-même l'auteur complet de son œuvre). C'est dire l'importance du moment !

Mais n'allons pas trop vite. Commençons par examiner de près le matériel, — les outils —, dont va se servir notre artiste...

1. LE MATÉRIEL DU DESSINATEUR

Le matériel de dessin nécessaire à la réalisation d'une bande dessinée peut varier quelque peu, d'un dessinateur à l'autre, selon la technique qu'il a choisie pour s'exprimer : certains dessinateurs utilisent la plume à dessin, d'autres lui préfèrent le pinceau, à moins que plume et pinceau interviennent concurremment dans la même œuvre. Il n'y a aucune règle en la matière...

C'est pourquoi nous nous contenterons de donner ici un aperçu de tous les « outils » qui s'offrent au choix d'un dessinateur, pour en préciser au passage les avantages et les inconvénients, laissant à chacun le soin d'en faire l'expérience et de se déterminer librement. L'essentiel est que chacun trouve l'outil qui « répond » le mieux à sa main, c'est-à-dire à son tempérament...

Une chose est cependant commune à tous les professionnels de la bande dessinée : ceux-ci utilisent toujours le **meilleur matériel qui soit**, acheté chez un spécialiste des arts graphiques, ce qui exclut d'autorité tout le matériel scolaire ou les articles de bazar.

Crayon ou porte-mine :

Le crayon sera souvent abandonné pour un « porte-mine pour dessinateur » (CRITERIUM), pour mines de ∅ 2 mm (le diamètre des mines le plus courant pour ce genre de matériel).

Toutefois, comme ces mines (ou le crayon) obligent à des affûtages fréquents, on pourra préférer : le porte-mines dessinateur pour **mines fines calibrées**. Avantage de ce matériel sophistiqué : la grande finesse des mines (∅ de 0,5 mm ou 0,3 mm) **rend superflu toute opération d'affûtage de la mine en cours de travail**. Un désavantage, en revanche : le prix des mines est relativement élevé.

Rappelons enfin que toutes les mines (de crayon ou pour porte-mines) sont normalisées selon la graduation que voici :

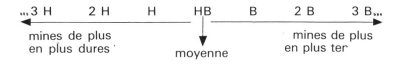

Plus la mine est dure (H, 2 H, 3 H, etc.), plus elle donne un trait fin, net, précis. Mais attention : une mine trop dure et trop appuyée sur le papier marquera irrémédiablement celui-ci : il faut avoir la main légère.

Au contraire, plus la mine est tendre (B, 2 B, 3 B, etc.), plus le trait sera écrasé, imprécis, charbonneux.

En général, les dessinateurs de bandes dessinées utilisent donc la valeur moyenne : HB, mais aussi H ou B (plus rarement 2 B)...

La plume à dessin :

Particulièrement indiquée pour le dessin au trait pur* ou le modelé* en fines tailles croisées ou parallèles, la plume à dessin permet de grandes finesses et donne un trait acéré, nerveux, du moins lorsqu'elle est dure. Neuve, elle résiste sous la main et gratte un peu le papier, puis elle s'assouplit à l'usage et peut alors devenir très douce.

On trouve aussi dans le commerce des plumes à dessin très souples, dès le premier usage, d'une souplesse pouvant parfois égaler celle du pinceau. Ainsi, une marque : BRAUSE (made in Germany), propose pas moins de cinq plumes différentes, allant de la plus souple à la plus dure :

— Extra-douce.
— Douce (66E) : plumes vraiment très douces. Il faut avoir la main légère...
— Semi-douce (517) : le meilleur compromis possible.
— Dure bleue (513).
— Dure tubulaire (517).

D'autres marques proposent un matériel de qualité équivalente : la **plume anglaise** GILLOTT n° 104, semi-douce, par exemple, qui vaut un essai.

LES PINCEAUX

Beaucoup plus difficile à contrôler que la plume, plus fuyant, — du moins dans les débuts —, le pinceau donne en revanche un trait d'une incomparable souplesse. Lorsque la main se fait légère, il permet aussi de très grandes finesses.

On utilisera toujours un pinceau pour aquarelle, de la meilleure qualité, **en martre extra** (Isabey, par exemple). Beaucoup de dessinateurs de bandes dessinées lui préfèrent cependant la forme anglaise, plus longue et plus effilée (ROWNEY, WINDSOR et NEWTON).

Quant à la grosseur des pinceaux, elle va du 00 (pour la miniature) au n° 12 (le plus gros).

Pour fixer les idées, disons qu'une demi-planche de 26 × 34 cm environ (format d'exécution) sera en général réalisée au pinceau n° 2 ou 3, les grands à-plats noirs pouvant être traités quant à eux avec un pinceau n° 4 ou 5, selon leur importance.

La gomme :

Elle sera de qualité extra-douce pour le dessin (MALLAT « architecte » ou PELIKAN WS 20, par exemple). Eventuellement, on pourra utiliser également la gomme spéciale pour grandes surfaces PELIKAN (SP 20).

Inconvénient commun à toutes les gommes : il arrive souvent que la gomme, ayant absorbé trop

283

dessin à la plume

C.M. Schulz « **PEANUTS** » © United feature Syndicate/U.P.I.

284

dessin à la plume

B. de Moor « **BARELLI** » © Ed. du Lombard

285

dessin à la plume

Hergé « **TINTIN** » © Casterman

286

dessin à la plume, réalisé avec trois plumes de différentes grosseurs

© Got/Pétillon « **LE BARON NOIR** »

de graphite, finisse par salir le papier plus qu'elle le nettoie.

Voici donc un bon truc pour rénover celle-ci : trempez votre « sale » gomme un moment dans de l'eau de lessive assez concentrée. Brossez, rincez, laissez sécher. C'est tout. Votre gomme vous sera rendue comme neuve !

L'encre de Chine :

Il faut de l'encre de chine couvrante, noir profond, indélébile (n° 17 de PELIKAN, par exemple).

Eventuellement, pour dissoudre l'encre de Chine qui encrasse une plume ·ou un porte-plume : le PE 58, un excellent liquide dissolvant.

La gouache blanche :

Pour petites retouches éventuelles ou reprises en clair sur de grands à plats noirs... De préférence à de la gouache classique, très fragile et qui s'écaille facilement après séchage, on utilisera de

281

dessin réalisé à la plume...

282

... et au pinceau, quelques années plus tard.

Taille de l'original

Franquin « GASTON LAGAFFE »
© Ed. Dupuis

la **gouache acrylique indélébile** en pot (PELIKAN PLAKA ou LINEL 7.77). C'est une gouache qui ne risque pas de s'écailler par la suite lorsqu'on manipulera le document. En revanche, il ne faudra pas oublier de nettoyer le pinceau après chaque utilisation, sous peine de le perdre à jamais. Autre avantage de la gouache acrylique : on peut retravailler au trait, même très finement, par-dessus (à condition que la couche soit bien égale).

Le papier à dessin :

En principe, on utilisera un papier lisse ou très légèrement grainé sur lequel la plume ou le pinceau pourront courir librement. Et toujours d'excellente qualité. Soit :

Le lavis technique CANSON (1 face lisse, 1 face légèrement grainée). Format raisin 50 × 65 cm.

C'est un papier qui « accepte » bien l'encre de chine : les traits sont nets, les à plats d'un beau noir profond. Ce papier autorise en outre de légers « grattages » (retouches éventuelles) sur lesquels il est possible de retravailler ensuite sans que se produise un effet de buvard.

Comme son nom l'indique, ce papier permet en outre le lavis*, sans se gondoler.

Mieux (mais plus cher), on pourra lui préférer un papier à dessin de qualité supérieure (parce que fabriqué en partie à partir de « chiffon »), le chouchou des dessinateurs de bandes dessinées : **le papier SCHOELLERS, fort, grain fin.** Format raisin 50 × 65 cm. (Mêmes caractéristiques que le précédent).

L'épaisseur du papier :

La force d'un papier (son épaisseur) est toujours donnée par son poids au m² (quel que soit la marque ou la qualité). On commandera, par exemple, tant de feuilles de « lavis technique 224 gr (ou 250 gr, etc.), selon l'épaisseur du papier désirée :

— 180 gr (m²) : correspond à un papier à dessin encore assez mince, qui risque de se bosseler lorsqu'on manipulera le document. Déconseillé.

— 224 gr (m²) : papier à dessin de force moyenne ;

— 250 gr (m²) : c'est un papier à dessin déjà fort. Bonne épaisseur pour la réalisation d'une bande dessinée (ainsi que les forces supérieures, évidemment) ;

— 280 gr (m²) ;

— 320 gr (m²) : papier très épais et rigide.

(**Nota** : le papier SCHOELLERS, fort, grain fin, n'est vendu qu'en une seule épaisseur, tout à fait satisfaisante, correspondant à une force de 250 gr environ).

Quant au format, nous allons voir que celui-ci peut varier assez sensiblement d'un dessinateur à l'autre, selon le format de réalisation qu'il aura choisi.

dessin à la plume et au pinceau

Auclair/Deschamp « **BRANRUZ** » © Casterman

dessin à la plume

Servais/Dewamme « **TENDRE VIOLETTE** » © Casterman

dessin à la plume

Caza « **SCENES DE LA VIE DE BANLIEUE** »
© Ed. Dargaud

Bourgeon « **LES PASSAGERS DU VENT** » © Ed. J. Glénat

dessin à la plume

291 *dessin à la plume et au pinceau*

TU SAIS QU'ILS ONT TUÉ SÉBASTIAN LE "RÉDEMPTEUR" ET SON FILS ?...

292 *dessin à la plume et au pinceau*

BANG!

H. Pratt « SOUS LE SIGNE DU CAPRICORNE » © Ed. Casterman

293

dessin au pinceau

...ILS N'ATTEIGNENT LE TORRENT QU'À LA NUIT...

Joseph Gillain « JERRY SPRING » © Ed. Dupuis

294 *dessin à la plume et au pinceau*

POTEET, VOUS N'AVEZ QU'À VOUS REPOSER ICI...

MAIS, CAPITAINE, IL ME FAUT RETROUVER CE JEUNE JAPONAIS, POUR LE PROCÈS !...

M. Caniff « STEVE CANYON » © K.F.S./Opera-mundi

295 *dessin au pinceau*

ET VOILÀ, PÉTULA. DÉJÀ DEUX QUI NE DÉPARERONT PLUS LE PAYSAGE DU CÔTÉ DES TROIS-SIX... AH! AH! AH!

Hermann/Greg « COMANCHE » © Ed. du Lombard

2. LE FORMAT
DE RÉALISATION

Le format auquel la plupart des bandes dessinées sont publiées (autour de 19 × 25 cm) ne permet évidemment pas la réalisation de l'original à des dimensions aussi réduites (à moins d'avoir une âme de miniaturiste).

Presque toujours, on choisira donc un format de réalisation supérieur au format de publication, agrandissement qui sera en principe laissé à l'appréciation du dessinateur : celui qui aime dessiner petit se bornera par exemple à un agrandissement de 1/3 (assez rare), d'autres préféreront un agrandissement de 1/2 (très fréquent), d'autres enfin, plus rares, qui aiment à s'exprimer sur de vastes surfaces, réaliseront leurs planches au double du format de publication, rarement plus... Il n'y a de ce point de vue aucune règle établie, le tout étant que chaque artiste s'exprime librement sur le format qui convient le mieux à son tempérament.

Toutefois, quel que soit le format d'exécution choisi, il faudra que celui-ci se trouve très précisément **à l'échelle** du format de publication, sous peine de ne plus cadrer précisément avec celui-ci après réduction.

Pour obtenir un agrandissement à l'échelle très précis, on utilisera le plus souvent le procédé de **l'agrandissement par la diagonale**, extrêmement simple et sûr, que tout professionnel du dessin connaît bien :

L'agrandissement par la diagonale :

1) Dans le coin, en bas d'une grande feuille de papier, tracez d'abord une figure aux dimensions exactes du format de publication (marges non comprises) (a).

2) Tracez ensuite la diagonale (d) de cette figure, bien au-delà de son cadre extérieur.

3) En bas de la feuille de papier, cherchez le point qui correspond à l'échelle d'agrandissement désirée : 1/3, 1/2, le double, etc. (ou n'importe quel point intermédiaire, au choix).

4) A partir de ce point, élevez une perpendiculaire (P', P''), puis, du point d'intersection de cette ligne avec la diagonale (d', d''), tirez une autre ligne, parallèle à la base du document. C'est tout. Vous avez obtenu un agrandissement très précisément à l'échelle du format de publication.

N'oubliez pas de noter les dimensions de l'agrandissement ainsi obtenu, puisqu'elles sont valables pour toutes les planches que vous destinerez désormais à la même publication.

Remarques :

— A partir d'un agrandissement de 1/2 (autour de 53 × 34 cm et au-dessus), la plupart des dessinateurs préfèrent souvent travailler sur **deux demi-planches indépendantes** (donc autour de 26 × 34 cm, dans le cas cité), repérées A (sur la demi-planche supérieure) et B (sur la demi-planche inférieure), sur lesquelles il sera possible de travailler sans avoir à se contorsionner. A l'imprimerie, les deux demi-planches seront naturellement réunies pour reconstituer la planche en pleine page.

— Du fait qu'on travaille à un format supérieur au format de publication, il faudra en outre tenir compte en permanence de la **réduction** plus ou moins forte que subira plus tard l'original. En particulier, prendre garde de **ne pas dessiner trop maigre ni trop fin** (défauts fréquents chez les débutants), si l'on ne veut pas voir les traits apparaître squelettiques après réduction, sinon comme « mitées » (le trait est alors inégal et imprécis, comme s'il était « mangé » localement par le blanc du papier). Même chose en ce qui concerne les textes ou les dialogues ; écrits trop petits, quoique parfaitement lisibles sur la planche originale, ceux-ci deviendraient à peu près illisibles après réduction.

Ce coup d'œil panoramique sur les outils du dessinateur s'achevant ici, nous retrouvons notre artiste devant sa table de travail, examinant une grande quantité de documents étalés devant lui. Avant de passer à la réalisation de son œuvre, celui-ci en effet se **documente**... Une étape de la réalisation d'une bande dessinée qu'on ne brûlera jamais sans dommage.

L'AGRANDISSEMENT PAR LA DIAGONALE *299*

AGRANDISSEMENT 1/2

AGRANDISSEMENT AU DOUBLE

133

dessin à la plume et au pinceau

dessin au pinceau

Harle/Blanc-Dumont « LA RIVIÈRE DU VENT » © Ed. Dargaud

297

ET, QUELQUES INSTANTS PLUS TARD...

HIMMEL KREUTZSKRAMENT! CE SERA UN VRAI MIRACLE SI NOUS ARRIVONS VIVANTS DE L'AUTRE COTE... T'ES SÛR QUE CE MAUDIT TROU DÉBOUCHE AILLEURS QU'EN ENFER?

Gir/Charlier « Lt. BLUEBERRY » © Ed. Dargaud

298

dessin à la plume et au pinceau

UN PEU PLUS TARD

MON AMI, LES TÉMOINS ONT PU PROUVER LA LÉGITIME DÉFENSE. DE PLUS, LE CHEF DE LA POLICE ME DOIT QUELQUE RECONNAISSANCE! VOUS SAVEZ COMME LES "CARON" SONT SENSIBLES AUX HONNEURS?

JE SAIS QU'UN "CARON", QU'IL SOIT FLIC OU CROQUE-MORT, NE VAUT NI PLUS NI MOINS QU'UN AUTRE "CARON"!

VOUS VOULIEZ NOUS PARLER D'URGENCE, BARUSCKO?

Gillon « LES NAUFRAGÉS DU TEMPS » © Humanoïdes associés

3. LA DOCUMENTATION

Toute bande dessinée, réaliste ou comique, a pour premier impératif d'être **crédible** aux yeux des lecteurs...

A quoi cela servirait-il de leur affirmer qu'ils se trouvent dans une rue de la Rome antique ou à l'intérieur d'un avion long-courrier, s'ils ne reconnaissent pas suffisamment les lieux, s'ils n'ont pas une juste vue du lieu où se situe l'action et une suffisante impression de **vérité**, ils ne « marcheront » pas dans l'histoire qu'on se propose de leur raconter, ou, du moins, y entreront plus difficilement.

Ceci explique l'importance et les soins que le créateur de bandes dessinées apporte toujours à la documentation de son sujet, quitte à **interpréter** par la suite cette documentation pour l'adapter à son style et à son univers personnel (nous avons vu en effet que l'artiste « sublime » ou « dramatise » toujours plus ou moins la réalité) : il en restera toujours un assez grand nombre de détails exacts qui donneront à son œuvre un accent de **vérité** (et non forcément de réalité) auquel les lecteurs seront toujours sensibles : les personnages ne paraîtront pas stéréotypés et impersonnels, les décors ne feront pas « chiqué », etc. Bref, le lecteur commencera à croire fermement ce qu'on lui raconte. **(fig. 300 à 303)**

En principe, chaque dessinateur bien organisé possède sa propre documentation, portant sur les thèmes qui lui sont chers. On y trouvera, selon les cas :

— des encyclopédies générales ou spécialisées (dictionnaire du costume, dictionnaire des styles, etc.) ;

— des documents photographiques ou autres, collectés dans des revues spécialisées ;

— souvent, des maquettes en relief : véhicules, etc., qui offrent l'avantage de pouvoir être observées et dessinées sous les angles très divers que prévoit le scénario ;

— enfin et surtout, des études et des croquis pris sur le vif (éventuellement, des photographies), lorsque l'auteur a eu la possibilité d'aller sur place observer son motif. **Rien ne vaut en effet le « repérage » direct des lieux** où doit se dérouler l'action du récit. Cela donne non seulement l'occasion d'observer le décor sous tous les angles qui sont prévus au scénario, mais aussi de s'imprégner de **l'ambiance** ou de **l'atmosphère** des lieux, chose qu'aucun document photographique ne saurait rendre aussi bien que l'observation directe.

Maintenant que notre artiste est bien documenté, le voici taillant et affûtant soigneusement son crayon... Mais ce n'est pas encore pour se lancer, impétueusement, dans l'exécution de son œuvre. Avant cela, reste une étape importante de la création d'une bande dessinée, dont dépend pour beaucoup le résultat final...

Bourgeon «LES PASSAGERS DU VENT» © Glénat

Jijé/Charlier « TANGUY » © Pilote

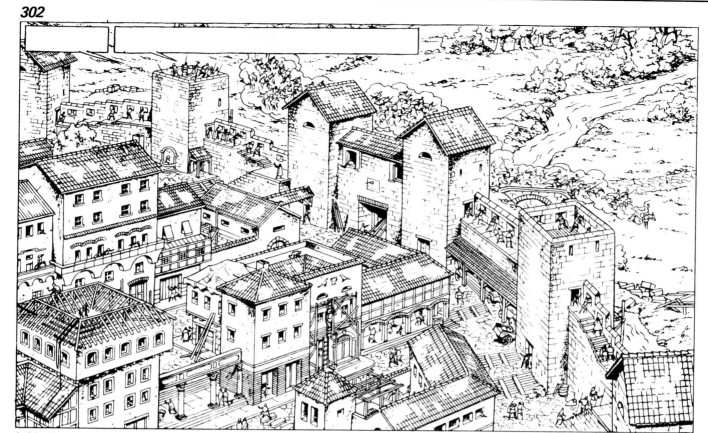

J. Martin « ALIX » © Ed. du Lombard

Lorsqu'il s'agit de récits de caractère historique, l'auteur interprétera assez peu sa documentation, s'attachant surtout à « reconstituer » l'époque choisie aussi fidèlement que possible. On voit ici à quel degré de perfection une documentation de ce genre peut conduire : aucune des habitations de cette cité ne ressemble à la voisine, chacune a son architecture, sa structure propre : l'œil peut flâner dans les rues de la ville, s'y attarder longuement... et y prendre un réel plaisir !

303

UNE NOUVELLE JOURNÉE ENSOLEILLÉE VIENT DE SE LEVER SUR LA PLUS PRODIGIEUSE CITÉ DE L'UNIVERS:
ROME.

R. Goscinny/A. Uderzo « LES LAURIERS DE CÉSAR » © Ed. Dargaud

4. LES CROQUIS PRÉPARATOIRES

C'est le moment capital où les personnages de l'histoire vont véritablement **prendre vie**.

En une suite de croquis ou d'études de plus en plus précises, généralement exécutées sur feuilles volantes, ou sur des feuilles de papier calque, venant se superposer successivement, le dessinateur va étudier les attitudes* de ses personnages, dans leurs moindres détails, travailler leurs expressions* ou leurs jeux de physionomie, esquisser déjà leur mise en place dans leurs cadres respectifs... Bref, un brouillon de l'œuvre définitive, qui occupera le dessinateur souvent plus longtemps que l'exécution de la planche elle-même (**fig. ci-contre**).

Encore ne parlons-nous ici que du travail préparatoire relatif à une série en cours dont les personnages sont déjà nettement caractérisés.

Lorsqu'il s'agit de la création d'une nouvelle série, en revanche, on va s'attaquer à un gros morceau : il faut créer les personnages de toute pièce, imaginer un à un tous les détails qui les **caractériseront** (physionomie, détails vestimentaires, attitudes, etc.) et les distingueront des personnages qui peuplent les séries concurrentes. Travail considérable, — duquel dépendra en grande partie le succès de la série —, qui pourra demander des jours et des jours, sinon des années, avant que le personnage ait trouvé sa forme définitive...

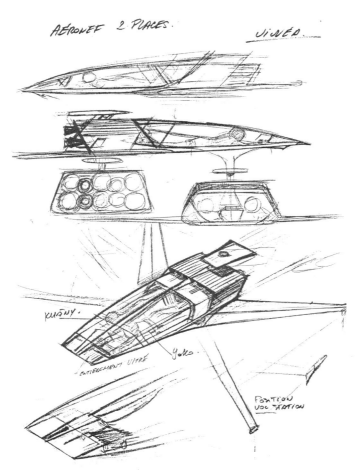

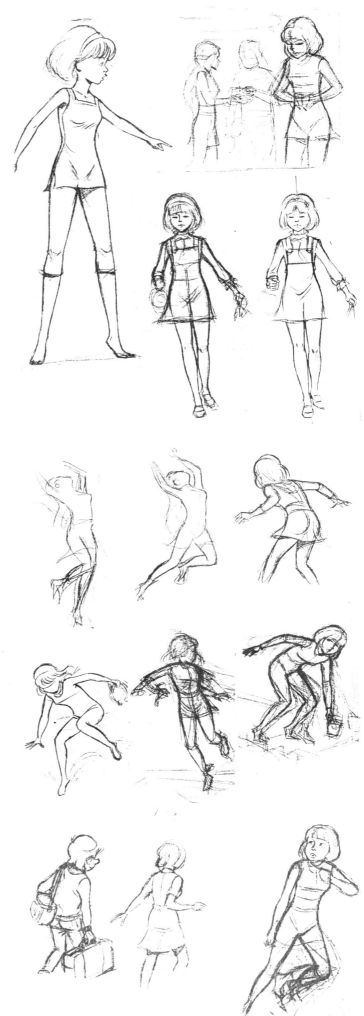

Croquis de R. Leloup pour ''YOKO TSUNO''

138

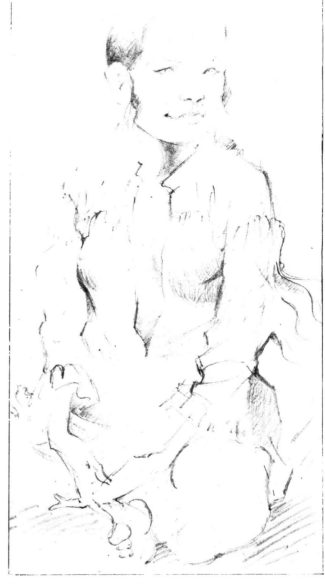

F. Bourgeon. Etudes pour « LES PASSAGERS DU VENT » © Ed. J. Glenat

Croquis de Poïvet

5. LA CRÉATION DES PERSONNAGES

Les héros de bandes dessinées ne naissent jamais dans les choux, en un jour ou une nuit... Leur création est au contraire une affaire longue et délicate, nécessitant des jours, des mois, parfois des années de soins constants avant que les personnages n'aient acquis leur personnalité définitive. On se rendra compte de la difficulté de ce travail, comme de tous les problèmes qui se posent au dessinateur à ce sujet, en examinant attentivement les « cartoons » reproduits ci-contre, représentant les différentes étapes de la création des « Peanuts », aujourd'hui célèbres dans le monde entier :

304

1950

En 1950, un petit garçon nommé Charlie Brown fait ses premiers pas dans la bande dessinée. Il est encore un peu maladroitement ébauché. Pourtant, nous voyons que son créateur a déjà pris parti pour un graphisme réduit à l'essentiel, correspondant parfaitement à l'esprit faussement naïf qui caractérise les personnages de la série.
A la même époque, Snoopy, le fidèle compagnon de Charlie Brown, est lui-même encore loin de posséder l'étonnante personnalité qui sera la sienne un peu plus tard.

1951

1951. — Tout héros de bande dessinée doit posséder sa propre personnalité, mais aussi un certain nombre de **signes distinctifs** qui le personnalisent dans son apparence et le distingue très nettement des autres personnages qui l'entourent. Aussi, dès cette année-là, le créateur de Charlie Brown pense à tracer sur l'éternel chandail de celui-ci, un motif décoratif noir en chevron qui sera désormais et pour toujours le signe distinctif du personnage.
A la même époque, Snoopy, le chien, a encore peu changé. Notons le réalisme de la niche et du paysage environnant, pour mieux nous rendre compte de l'état de dépouillement extrême, finalement beaucoup plus expressif, auquel le créateur de la série en arrivera peu à peu.

1956

1956. — Charlie Brown s'améliore encore : sa mèche sur le front, à l'origine minuscule, prend de l'ampleur, devient plus caractéristique. L'œil, d'abord figuré par un gros point noir assez peu expressif, diminue de volume jusqu'à devenir un point minuscule, pétillant de malice. La tête du personnage, primitivement « rapportée » sur le corps du personnage, diminue également de volume pour mieux s'équilibrer avec celui-là. En somme, par retouches successives, l'auteur modifie « l'image » de son personnage jusqu'à lui trouver une forme réellement caractéristique qui le distinguera de tous ses concurrents.

1962 et suivantes

1962 et suivantes. — La mèche de Charlie Brown a encore pris de l'ampleur : elle est devenue à son tour caractéristique du personnage, qui trouve ainsi sa forme définitive et n'en changera plus.
En même temps qu'il travaille ses personnages, le créateur pense aussi à la place que ceux-ci occuperont à l'intérieur des cases. Il recherche un style de **mise en page** qui convienne parfaitement au style de sa série et à ce qu'il veut exprimer.
Ainsi, à l'origine, les personnages occupaient presque entièrement la surface des cases : la « mise en page » était un peu flottante et manquait de parti pris et d'équilibre (1950-51). Mais, progressivement, l'auteur va réduire l'importance des personnages et les ramener vers le bas de l'image. Ainsi, les pleins et les vides s'équilibrent beaucoup mieux, les images sont plus aérées, les personnages solidement plantés sur le sol. Un miracle ? Non : beaucoup de talent et des années de travail !

C.M. Schulz « PEANUTS » © United feature Syndicate/U.P.I.

Ainsi chaque artiste crée-t-il de toute pièce chacun de ses personnages : ce sera chaque fois un être **unique**, impossible à confondre avec le voisin. Manifestement, Charlie Brown n'est pas Denis la Menace (**fig. 305**), qui se caractérise par un maillot rayé noir et blanc. Et celui-ci à son tour ne saurait être confondu au héros des « Perishers » (**fig. 306**) qui se **signale** par sa casquette à la Sherlock Holmès. Rien à voir avec Bill (**fig. 308**) ni avec ces petits démons de Pim Pam Poum (**fig. 307**). Ce sont pourtant tous des enfants et ils ont tous le même âge. Mais ce sont des héros : chacun est unique en son genre !

305

« DENIS THE MENACE » © Post hall Syndicate

306

D. Collins « PERISHERS » © Syndicat Internat./Graph-Lit.

307

H.H. Knerr « THE KATZENJAMMER KIDS »
© K.F.S./Opera-mundi

308

Roba «BOULE ET BILL» © Dupuis

6. LA CRÉATION DES PERSONNAGES : EXPRESSIONS ET ATTITUDES

1

2

Lorsque le créateur de bandes dessinées imagine un personnage doté d'une originale personnalité, tant physique que psychologique, tout n'est pourtant pas fini pour lui : il doit encore **donner la vie** à ce personnage, c'est-à-dire étudier soigneusement **ses expressions et ses attitudes**, en faisant en sorte qu'elles soient **caractéristiques** du personnage, qu'elles mettent parfaitement en relief sa personnalité.

Le « Gaston Lagaffe » d'André Franquin est à cet égard une réussite exceptionnelle qui suffit à démentir tous ceux qui affirment ne voir dans les bandes dessinées que des personnages stéréotypés. Qu'on en juge (**fig. 309**).

Il suffit de peu : un simple trait qui s'incurve, un œil qui se ferme ou s'arrondit, pour varier très subtilement l'expression d'un visage. Regardons, par exemple, Gaston Lagaffe interprétant toutes les nuances du rire sans jamais se recopier :

— D'abord, le **rire aux anges** : bouche fendue jusqu'aux oreilles, yeux fermés comme pour rêver (**fig. 1**).

— Puis le **rire étonné** : large sourire, yeux grand ouverts, comme émerveillés (**fig. 2**).

— Et puis encore, en vrac, le **rire gourmand** (**fig. 3**) et sa nuance (**fig. 4**), puis le **rire satisfait** (**fig. 5**) et le **rire gamin** : les yeux s'ouvrent et s'arrondissent, comme émerveillés (**fig. 6**) ou encore, un rire sous cape, variant trois fois de suite au cours d'une même scène (**fig. 7 à 9**).

Mais Gaston Lagaffe est capable d'interpréter à merveille bien d'autres sentiments. Le voici, par exemple, jouant avec de subtiles nuances la fameuse scène de l'étonnement naïf, l'un de ses plus grands succès (**fig. 10, 11, 12**).

La recherche de **l'attitude expressive** est aussi un des soucis majeurs du créateur. Le geste n'est jamais quelconque : il accompagne, complète, renforce les jeux de physionomie des personnages. Voyons par exemple comme les mains de Gaston Lagaffe sont remarquablement **expressives**, en totale « synchronisation » avec le texte et l'expression du visage (**fig. 5, 6, 7**).

3

4

5

Franquin « GASTON LAGAFFE » © Ed. Dupuis

LA COLERE

LA STUPEFACTION

LA ROGNE

LE CHAGRIN

LA SURPRISE

LA CONTRARIETE

LA DUPLICITE

L'OPTIMISTE BEAT

Enfin, chaque personnage ayant en principe une **personnalité originale**, exprimera celle-ci d'une façon naturellement originale : ainsi les colères d'Achille Talon se traduisent-elles par des bonds rageurs (**fig. 310**) très caractéristiques du personnage, tandis que les fureurs du capitaine Haddock se manifestent surtout par des invecti-ves, oh, combien célèbres, imité en cela par Lucy (**fig. 312**), alors que Fantasio, plus mesuré, expri-mera presque toujours son mécontentement par de grands gestes indignés (**fig. 309-8**). Bref, un personnage bien conçu ne manque jamais **de se faire remarquer** par sa façon personnelle, bien à lui, d'interpréter la comédie humaine…

7. EXPRESSIONS ET ATTITUDES DANS LA BANDE DESSINÉE RÉALISTE

J. Prentice « RIP KIRBY » © K.F.S./Opera-mundi **317**

Ce qui est valable pour la bande dessinée comique est également bon pour la bande dessinée réaliste : aucun des personnages, — serait-il un personnage secondaire —, ne doit être **insignifiant**. La création d'un personnage commencera donc par une étude sérieuse de sa morphologie, en tenant compte des grands types de caractères humains.

Ici, par exemple, au cours d'une même série (**fig. 317**), on verra apparaître successivement un visage carré, indiquant l'homme d'action de tempérament coléreux, impulsif (**fig. 1**), puis le visage triangulaire de l'intellectuel ou de l'artiste sentimental ou rêveur (**fig. 2**) ou encore, la face ronde du gros bon vivant, poussif et lymphatique (**fig. 3**). Et ailleurs, un visage allongé signalant un tempérament plus flegmatique (**fig. 4**), etc. C'est certain : aucun de ces personnages n'est insignifiant ni calqué sur un modèle passe-partout. Dès le premier coup d'œil, on découvre la véritable personnalité de chacun d'eux, sans erreur possible.

Un second personnage de type impulsif et colérique apparaît-il dans la série ? Le dessinateur ne manque pas de le différencier du précédent : le nez sera plus allongé, le dessin des sourcils marquera nettement la nuance de caractère (**fig. 5**).

Même la chevelure et la coiffure peuvent contribuer à personnaliser les personnages : ici, nous verrons des cheveux courts et drus, en bataille, qui accentuent le caractère un peu fruste d'un personnage (**fig. 1**), tandis qu'une chevelure soigneusement peignée révélera ailleurs un séducteur (**fig. 6**). Sans compter les cent façons d'être chauve (**fig. 2, 3**) !

Les **attitudes** des personnages seront également étudiées avec soin, de sorte qu'elles expriment ou révèlent leur personnalité profonde, leur éducation, leur milieu, etc. Ainsi, on peut fumer avec plus ou moins d'élégance selon le milieu auquel on appartient (**fig. 6 et 7**) ; de même, un pilier de taverne (**fig. 8**) ne se tiendra pas en société comme un habitué des casinos ou des salons élégants (**fig. 9**), etc.

Bref, les personnages sont en même temps physiquement et psychologiquement bien campés, vivants, **crédibles...**

8. LA COMPOSITION DES IMAGES

En même temps qu'il étudie les expressions et attitudes de ses personnages, le dessinateur ne manque jamais de penser aussi à la place que ceux-ci occuperont à l'intérieur de chaque case, là où ils produiront leur meilleur effet. Autrement dit, il esquisse déjà la **composition** (ou « cadrage ») de ses images, ce qu'il ne fera jamais sans observer quelques règles élémentaires...

La bande dessinée étant un moyen d'expression **visuel** se trouve en effet (tout comme le tableau de chevalet ou l'image cinématographique) impérativement soumise à certaines lois de composition, étroitement dépendantes du phénomène de la vision chez l'homme :

Devant une surface inorganisée, divisée en fragments orientés en tous sens (donc, une surface non composée), l'œil en effet **s'affolera** toujours. Ayant trop de peine à s'y retrouver au milieu de lignes ou de masses que rien ne relie entre elles, il se désintéressera très vite de l'image qu'on lui présente.

Mais, à l'opposé, devant une surface divisée **trop symétriquement**, trop régulièrement ordonnée (voir certaines compositions très « classiques »), l'œil se trouvera **insuffisamment sollicité** : il demeurera froid, indifférent. Ce qui n'est guère mieux.

D'où la nécessité absolue d'organiser les éléments de l'image, dans un ordre qui ne soit ni trop strict ni désordonné, c'est-à-dire, de **composer** celle-ci.

Quelques règles élémentaires de composition :

Puisqu'une surface trop régulièrement, trop symétriquement ordonnée, n'intéresse pas l'œil, on commencera par prendre soin qu'aucune des **lignes fortes** de la composition (ligne d'horizon, grandes lignes du décor, personnages vus « plein cadre », etc.) **ne passe jamais par les axes de l'image** (axe horizontal et vertical), de sorte que celle-ci ne se trouve jamais divisée en deux parties d'égale surface (**fig. 323, 325, 331**).

En particulier, il faudra faire attention à ce que les parties pleines de la composition (les masses) ne viennent pas diviser l'image en deux zones par trop symétriques (**fig. 318, 319, 322, 324**).

En somme, dans une composition, **il faut toujours commencer par prendre parti** : ou bien privilégier le ciel (les espaces vides de la composition) au dépend du sol (le décor, etc.), ou inversement. Autrement dit, placer la **ligne d'horizon plus bas que l'axe horizontal de l'image (fig. 320, 131, 133)**, ou plus haut que celui-ci (**fig. 321**) (Rappelons à ce sujet que la ligne d'horizon, serait-elle invisible sur l'image, cachée par le décor, n'en reste pas moins **toujours présente** derrière celui-ci, où il faut au besoin l'imaginer).

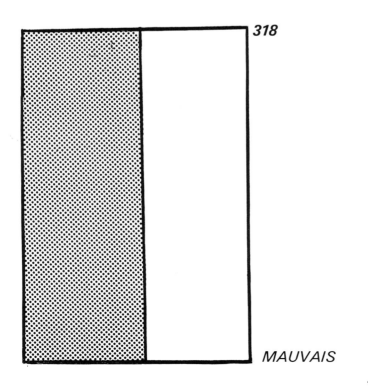

MAUVAIS

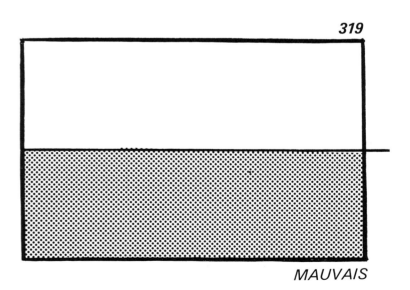

MAUVAIS

Les surfaces trop égales ou symétriquement réparties endorment l'œil. L'image paraît froide, figée. A éviter absolument (fig. 318 à 324)

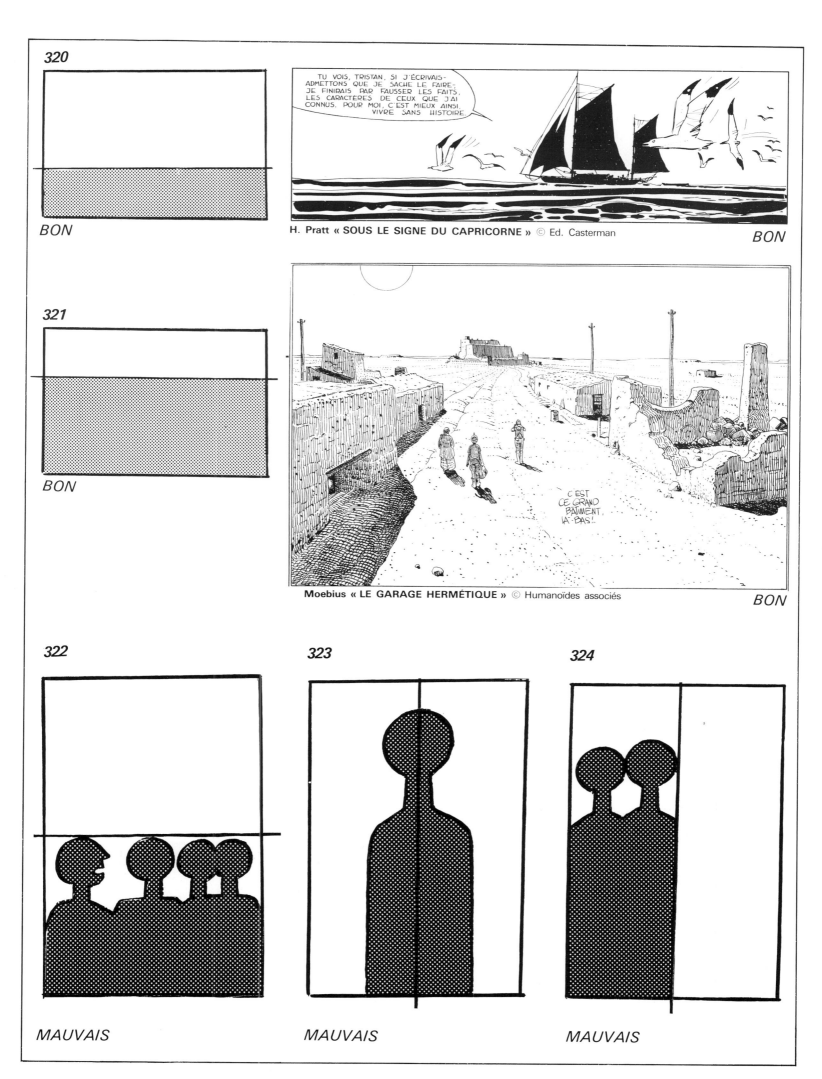

320

BON

TU VOIS, TRISTAN, SI J'ÉCRIVAIS-
ADMETTONS QUE JE SACHE LE FAIRE-
JE FINIRAIS PAR FAUSSER LES FAITS,
LES CARACTÈRES DE CEUX QUE J'AI
CONNUS. POUR MOI, C'EST MIEUX AINSI.
VIVRE SANS HISTOIRE.

H. Pratt « SOUS LE SIGNE DU CAPRICORNE » © Ed. Casterman

BON

321

BON

C'EST
CE GRAND
BÂTIMENT,
LÀ-BAS !..

Moebius « LE GARAGE HERMÉTIQUE » © Humanoïdes associés

BON

322

MAUVAIS

323

MAUVAIS

324

MAUVAIS

325

MAUVAIS

Bilal « EXTERMINATEUR 17 » © Humanoïdes associés

PFFFF...
JE ME DEMANDE
OÙ JE VAIS ATTER-
RIR CETTE FOIS
...

BON

Le sujet (vu en gros plan ou non), s'il est trop bien cen-
tré, paraîtra toujours un peu figé (parce que les espaces
*vides se trouveront **trop également répartis** autour de*
lui). En revanche, le sujet étant même très légèrement
décentré (les espaces visibles derrière lui se trouveront
*alors **inégalement** répartis) paraîtra toujours plus vivant,*
plus naturel.

Prendre parti, ce sera aussi faire en sorte que les différents personnages (ou groupes de personnages) qui se trouvent face à face n'occupent pas une position trop symétrique les uns par rapport aux autres. En principe, on s'arrangera donc à donner plus d'importance sur l'image à l'un des personnages (ou groupe de personnages) par rapport à l'autre (**fig. 328, 332, 339**).

Enfin, lorsqu'une scène présentera de nombreux personnages vus à peu près sur le même plan (une foule, un groupe important de personnages, etc.), on prendra soin de répartir ceux-ci en groupes d'inégale importance (**fig. 334, 336**). Ainsi, la scène paraîtra toujours plus vivante, plus **naturelle**.

Comés « SILENCE » © Casterman

327

DES ROMAINS
DEVANT.

R. Goscinny/A. Uderzo « ASTERIX » © Ed. Dargaud

328

ENCORE ENSEMBLE, *HAGGARTH*.!! TU VOIS COMME LE DESTIN NOUS...

MON BON AMI *ETHAN*, JE COMPRENDS TA JOIE, MAIS MAINTENANT NOUS ALLONS DISCUTER DE QUELQUE CHOSE DE TRÈS IMPORTANT...

V. de la Fuente « HAGGARTH » © Casterman   *BON*

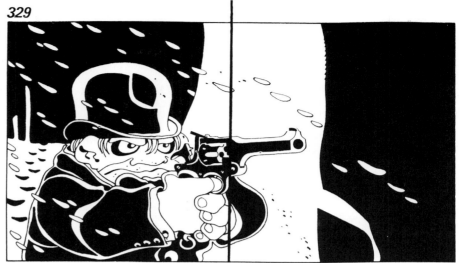

329

Comés « SILENCE » © Casterman   *BON*

330

CHIC ! C'EST LA SAISON DES NOIX !

Franquin « GASTON LAGAFFE » © Ed. Dupuis   *BON*

331

SI JE N'ÉTAIS PAS CERTAIN QUE LE TAPIR EST BIEN MORT, JE CROIRAIS BIEN Y RETROUVER SA PATTE !...

Gillon « LES NAUFRAGÉS DU TEMPS » © Humanoïdes associés   *BON*

LA COMPOSITION DES IMAGES (suite)

En principe, aucune des lignes de force du dessin (ici, les grands à plats noirs verticaux) ne doit se trouver sur l'axe vertical de la composition. Sinon, celle-ci se trouverait divisée en deux parties de surface égale, symétriques, que l'œil accepterait mal.

332

Même chose lorsqu'il s'agit d'une composition horizontale : on ne trouvera aucune ligne de force du dessin ni sur l'axe horizontal ni sur l'axe vertical de la composition. On remarquera que les personnages se trouvent euxmêmes plus ou moins décalés par rapport aux axes de l'image (voir à ce sujet, les « points d'intérêt de l'image », au chapitre suivant).

Gir/Charlier « Lt. BLUEBERRY » © Ed. Dargaud

BON

333

R. Goscinny/A. Uderzo
« ASTERIX » © Ed. Dargaud

BON

Evidemment, lorsqu'une scène présente un groupe plus ou moins important de personnages, certains éléments du groupe se trouveront inévitablement sur l'axe vertical ou horizontal de la composition. Mais, dans ce cas, c'est le groupe **tout entier** que l'on décentrera, même très légèrement, par rapport aux axes de la composition. Ainsi la

scène paraîtra toujours plus naturelle. En outre, on fera en sorte qu'aucun des personnages importants du groupe (le héros, etc.) ne se trouve sur les axes en question (voir à ce sujet, les « points d'intérêt de l'image », au chapitre suivant).

334

V. de la Fuente « HAGGARTH » © Casterman

BON

150

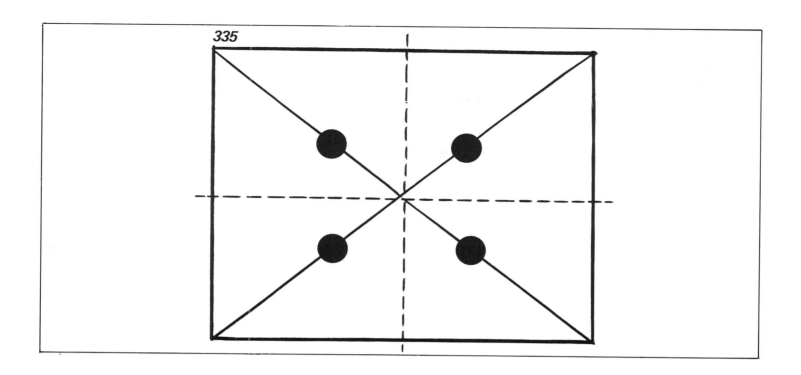

Les points d'intérêt de la composition :

S'il y a certains points d'une image sur lesquels l'œil se pose toujours sans enthousiasme (tous les points se situant sur les axes de la composition, comme nous venons de le voir), il en existe d'autres où celui-ci se trouve en revanche tout naturellement à son aise...

Ces points, qu'on appelle « points d'intérêt » ou points d'harmonie de la composition, puisqu'ils ne se trouvent pas sur les axes du tableau... se situent par conséquent à côté, comme dirait Monsieur de la Palice ! Grosso modo on les trouvera donc **sur les diagonales de l'image**, à peu près au tiers de chaque diagonale en partant du centre de la composition (**fig. 335**). C'est là, sur ces points privilégiés que l'œil ira toujours se poser **d'abord**, parce qu'il s'y trouve naturellement à son aise.

C'est donc là (et alentour) où le dessinateur disposera autant que possible les éléments les plus intéressants de sa composition, c'est-à-dire **ceux qu'il désire particulièrement mettre en évidence aux yeux de ses lecteurs**. On y trouvera donc, le plus souvent, le sujet principal de la scène (**fig. 336**) : le personnage qui joue à ce moment-là un rôle essentiel dans l'action (**fig. 337**), ou bien un visage particulièrement expressif (**fig. 345**) ou même un geste ou une attitude qui demande à être mis particulièrement en valeur à cet instant du récit. Parfois, on verra même, sur un point d'intérêt de la composition, un simple élément du décor (du moment que celui-ci vaut la peine d'être **mis en évidence**).

Au demeurant, les grands dessinateurs pensent rarement à ces règles de composition lorsqu'ils réalisent leurs œuvres : ils ont l'œil exercé de l'artiste, le sens de l'harmonie et de l'équilibre, et placent toujours instinctivement leurs personnages là où ils produiront le meilleur effet... c'est-à-dire, immanquablement, sur les points d'intérêt naturels de la composition !

Bien sûr, autour des points d'intérêt, la composition générale du tableau s'organisera ensuite en d'infinies variations : compositions à l'horizontale (**fig. 339**), à la verticale, en cercle (**fig. 343**), en diagonale (**fig. 338, 348**), etc., tout ceci dépendant essentiellement du sujet, de l'importance du décor, du nombre de personnages mis en scène, etc.

Parfois, on utilisera **un seul point d'intérêt** autour duquel tout le reste de la composition viendra s'organiser (**fig. 337, 345**). Ce sera le cas, notamment, lorsqu'un seul personnage (ou un seul groupe de personnages) se trouvera mis en scène (**fig. 329, 330, 337, 345**).

Par contre, lorsque l'action opposera deux personnages ou deux groupes de personnages, on utilisera de préférence **deux points d'intérêt** (un pour chaque personnage ou groupe de personnages) (**fig. 339, 340**). Et, dans ce cas, on choisira très souvent les deux points qui se trouvent sur une même diagonale (**fig. 336**) : ce sera une composition dite « sur la diagonale », **la plus vivante** d'entre toutes (parce qu'elle oblige à un effet de perspective) (**fig. 338**), celle qu'on rencontrera donc le plus souvent, sous une forme ou une autre, dans le cours d'une bande dessinée (**fig. 336, 341, 344, 347, 348**).

Enfin, plus rarement, on verra des compositions s'organisant autour de trois points d'intérêt (compositions en triangle) mais jamais plus, car il ne faut pas non plus disperser l'intérêt de la scène aux quatre coins de l'image.

Toutefois, du fait de la grande diversité des cadres et des plans qui caractérise la bande dessinée, du fait que celle-ci nous montre aussi des personnages **en mouvement**, on verra un certain nombre de cas où les règles de la composition seront assez librement interprétées.

Pour fixer les idées à ce sujet, disons que les **plans d'ensemble***, les **plans généraux*** et **plans moyens*** gagneront toujours à être convenablement composés autour d'un ou plusieurs points d'intérêt de l'image. Ce genre de plans présente en effet, presque toujours, de nombreux éléments (décor, personnages, etc.) qu'il faut donc obligatoirement harmoniser entre eux.

En revanche, les **plans rapprochés*** ou très rapprochés s'accommoderont mieux d'une composition plus libre, ne tenant pas compte des points d'intérêt de l'image (ceux-ci en effet n'ont plus la même raison d'être du moment que l'image ne présente plus de nombreux éléments à harmoniser entre eux (**fig. 75, 77, 78**, mais aussi **fig. 73, 84**, où l'on voit des personnages en plan rapproché venant quand même s'inscrire sur l'un des points d'intérêt de l'image).

Quant aux **gros plans*** et **très gros plans***, on en trouvera également de deux sortes :

Lorsqu'on recherchera le **naturel**, le sujet sera plus ou moins décalé par rapport à l'axe de l'image et se trouvera par conséquent sur l'un des points d'intérêt (**fig. 325**).

Par contre, s'il faut que les personnages **affirment leur présence avec une certaine force** (menaces, etc.) ou, au contraire, s'ils doivent donner une impression de **froideur manifeste** (mépris, dédain, etc.), ceux-ci seront plus expressifs s'ils sont volontairement centrés « plein cadre », sur l'axe de la composition.

En outre, toute bande dessinée présente aussi des personnages **en mouvement**, qu'on ne peut donc trouver en permanence sur les points d'intérêt des images. Dans ce cas, on se contentera généralement de cadrer convenablement le sujet (sur un point d'intérêt), à l'occasion d'un « plan fixe » introduisant la scène. Ensuite, dès l'image suivante, le sujet « glissera » vers une autre partie de la composition, parfois jusqu'à sortir du « champ » (**fig. 267**) : l'œil ayant fort bien repéré le sujet lors du plan introductif, n'aura aucun mal à le suivre par la suite, même s'il se trouve en dehors des points d'intérêt de l'image.

Enfin, on négligera parfois, d'une façon manifeste, les lois de la composition, pour produire certains effets spéciaux :

Par exemple, l'impression de **monotonie**, **d'uniformité**, de **froideur** sera souvent bien rendue par une composition volontairement symétrique (donc froide), s'organisant autour des axes de l'image.

De même, pour donner une idée de **majesté**, de **puissance**, ou suggérer **l'importance** d'un personnage (le Roi au milieu de ses sujets, etc.), on cadrera quelquefois celui-ci au centre de la composition : il « occupera » la scène, sera « le centre » d'intérêt vers qui tous les regards convergent...

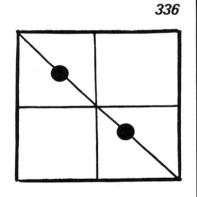

336

...IL FAUT QU'ILS COMPRENNENT QUE LE POUVOIR DE CEUX QUI NOUS GOUVERNENT DÉPEND DU POUVOIR QUE NOUS LEUR ACCORDONS. QUE LEUR GRANDEUR N'EST QUE LE FRUIT DE NOS MISÈRES. ET QU'ENFIN LES HOMMES QUI VIVENT EN SE SOUMETTANT À LEURS LOIS NE SONT QUE DES MISÉRABLES PARASITES QUI N'ONT RIEN CONQUIS PAR EUX-MÊMES...

V. de la Fuente « HAGGARTH »
© Casterman

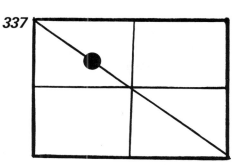

337

Gillon « **LES NAUFRAGÉS DU TEMPS** » © Humanoïdes associés

338

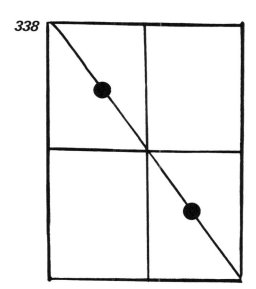

A. Raymond « **FLASH GORDON** » © K.F.S. / Opera Mundi

Comès « SILENCE » © Casterman

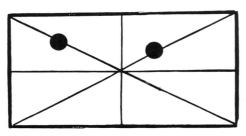

TOUJOURS FULMINANTE, LA VIEILLE MET À L'EAU LE CANOT APRÈS AVOIR CHARGÉ LES VIVRES.

P. Gillon « JÉREMIE » © Vaillant

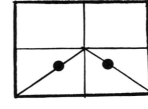

341

JE SAIS QUE ÇA VOUS AGACE, MAIS J'AI TOUJOURS LA SENSATION D'ÊTRE ÉPIÉ. JE CROIS AVOIR REPÉRÉ DEUX OU TROIS TYPES À NOS TROUSSES...

VOUS AVEZ BIEN UNE MENTALITÉ DE SOUDARD, LISDAL !... POUR VOUS, LA VIE N'EST QU'UN ÉTERNEL CASSE-PIPE !

342

Bob de Moor « BARELLI »
© Casterman

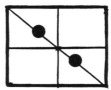

Gillon « LES NAUFRAGES DU TEMPS »
© Humanoïdes Associés

154

343

B. Hogarth « TARZAN » © U.F.S./UPI

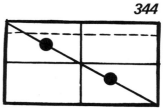

344

BON SANG DE BONSOIR DE PETITS CRÉTINS DE MES BOTTES DE TOUS LES ...

Herman «RED DUST» © Lombard

345

VOILÀ "GOLGOTHA POINT"!

H. Pratt.

346

M'ENFIN?

CRIC

Franquin « GASTON LAGAFFE »
© Ed. Dupuis

347

ENFERMEZ- LES DANS LA PRISON DU PALAIS!

DU PALAIS?....

MAIS ON NE VOULAIT PAS LE TUER, JULES!.... N'EST-CE PAS, ASTÉRIX?

R. Goscinny/A. Uderzo « LES LAURIERS DE CÉSAR »
© Ed. Dargaud

348

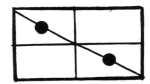

IL SE NOURRIT PRINCIPALEMENT DE PUCES; SA MÉTHODE DE CHASSE....

Franquin «SPIROU ET FANTASIO»
© Dupuis

353

F. Royet « **LA MAISON DU FOU** » © Ed. J. Glénat

349

Hermann/Greg « **AVENTURES A MANHATTAN** » © Ed. du Lombard

La perspective, c'est l'art de présenter les objets sur un seul plan (en l'occurence, une feuille de papier), selon leur éloignement et leur position dans l'espace, un art que tout dessinateur de bandes dessinées a eu soin d'étudier sérieusement avant de se lancer dans le métier (1).

Une bonne connaissance de la perspective permet en effet de reconstituer des décors ou des architectures d'une certaine importance, qui « tiennent debout », auxquels les lecteurs accorderont par conséquent une certaine **crédibilité** (**fig. 349,**). En revanche, rien n'est plus désagréable à l'œil qu'un décor ambitieux qui se casse lamentablement la figure par la faute d'un mauvais effet de perspective. Certes, l'œil tentera instinctivement de reconstituer lui-même la bonne perspective, mais ce faisant il se trouvera inutilement distrait de l'essentiel : l'action des personnages, à laquelle il n'accordera plus toute l'attention voulue. La scène y perdra inévitablement en expressivité.

En outre, par les **effets de fuite** ou **de profondeur** qu'elle permet, la perspective peut servir, dans bien des cas, à renforcer considérablement l'expressivité du récit (**fig. 350, 351**). Par exemple, pour **mettre en relief** une scène où l'action d'un personnage sur lequel on désire tout particulièrement attirer l'attention : on s'arrangera pour que toutes les lignes de la composition convergent vers le sujet, comme pour **le désigner** à l'attention des lecteurs.

Enfin, sans une connaissance approfondie de la perspective, il serait à peu près impossible de prévoir une **bonne** vue en plongée* ou en contre-plongée* (puisque celles-ci sont essentiellement fondées sur un effet de perspective) : ce serait se priver de beaucoup d'occasions de renforcer l'expressivité du récit.

---

(1) On trouve en librairie d'excellents traités de perspective. Par exemple : J.M. Parranion. « Comment dessiner en perspective » (Editions Bordas), ou, pour le tracé des ombres, un ouvrage plus ardu : « Perspective conique » de M. Fradin (Editions Dessain et Tolra).

⑤

ET LE JEUNE PRINCE PEUT
ALORS DÉLIVRER LE PÈRE
D'ILÈNE, LE COMTE DE
BRANWYN, EMPRISONNÉ
DEPUIS LA PRISE DU
CHÂTEAU PAR L'OGRE.

H. Foster « PRINCE VAILLANT »
© K.F.S./Opera-mundi

ALLEZ A LA CHAPELLE ET EN SILENCE !

M. Gaudo/C. Vicini « CHARITAS » © Ed. J. Glénat

352

BIEN SUR... ET SUR LES TROIS NIVEAUX...

À SUIVRE...

Moebius « LE GARAGE HERMÉTIQUE » © Humanoïdes associés

10. LE LETTRAGE, LE CRAYONNÉ

Son projet se trouvant maintenant parfaitement mis au point, sous forme d'esquisses et de croquis préparatoires, notre dessinateur peut enfin passer à la réalisation définitive de son œuvre...

Sur une feuille de papier à dessin au format de réalisation*, il va commencer par délimiter et tracer le cadre des différentes images puis, à l'intérieur de ceux-ci, il tracera au crayon les « portées » parallèles (comme des portées de musique) qui permettront le « lettrage » bien régulier des textes. Pour tracer plus facilement et plus rapidement ces portées, il s'aidera souvent d'un appareil spécial « à hachurer », vendu dans le commerce sous différentes marques, en plusieurs modèles plus ou moins perfectionnés (1).

Ceci fait, les textes et les dialogues seront d'abord tracés au crayon bien régulièrement et bien **lisiblement**, avant d'être encrés à la plume (ou, plus rarement, au stylo à réservoir d'encre, genre « Graphos »). Parfois, ce travail sera confié à un auxiliaire spécialisé : le « lettreur ».

Ceci fait, le dessinateur passera à l'exécution des dessins, au crayon, en s'aidant des croquis préparatoires* ou esquisses de mise en page qu'il a effectués précédemment. Ceci lui prendra **en moyenne** une heure **par plan**, encrage non compris, ce temps pouvant pas mal varier, dans un sens comme dans l'autre, selon la complexité du plan, l'importance du décor, le nombre de personnages mis en scène, etc.

Crayonné d'une planche de « TINTIN » par Hergé

(1) Marque KERN ou LINEX.

Hergé © Casterman

11. LE TEST DU MIROIR

Ayant achevé le « crayonné » de la planche entière, notre dessinateur pourrait en principe passer tout de suite à l'étape suivante : l'encrage du dessin.

Pourtant, il hésite... Il n'ignore pas qu'à la suite d'un long travail sur la même planche, l'œil a toujours tendance à se fatiguer et à s'endormir plus ou moins, au point d'en arriver à ne plus pouvoir déceler certaines imperfections du dessin (manque d'équilibre, disproportions, etc.).

Aussi, notre dessinateur va-t-il soumettre son œuvre au « test du miroir »... qui consiste tout simplement à présenter la planche dessinée devant un miroir qui lui renverra naturellement une image **inversée** de son dessin.

Cette inversion a toujours pour effet de renouveler totalement la vision qu'on a d'un tableau : les défauts qui échappaient l'instant d'avant au dessinateur lui « sauteront » instantanément aux yeux (un peu comme s'il regardait pour la première fois une œuvre qui ne lui appartient pas), après quoi il lui restera à exercer son sens critique et à corriger les erreurs éventuellement décelées, puis à vérifier une dernière fois devant le miroir le bon équilibre de la composition, avant de passer à l'étape suivante...

12. L'ENCRAGE DU DESSIN

Il se fera indifféremment à la plume* ou au pinceau*, au choix du dessinateur. Nombre de dessinateurs utilisent d'ailleurs le pinceau et la plume concurremment : le pinceau pour les grands à plats noirs et les lignes fortes de la composition, la plume étant alors réservée aux arrières-plans et aux finesses du dessin (**fig. 364, 365**). A moins que l'artiste utilise dans le même dessin plusieurs plumes de différente grosseur (**fig. 361**). Il n'y a de ce point de vue aucune contrainte : seul le résultat sera jugé.

La méthode pour encrer la planche variera également d'un dessinateur à l'autre : les uns encreront la planche méthodiquement, case après case, ne passant à la case suivante que lorsque la première sera entièrement encrée ; d'autres préféreront « tâcher » ou ombrer d'abord la planche toute entière de la composition (à plats noirs, grandes lignes) avant de revenir, case après case, sur les finesses du dessin. Tout cela est affaire de méthode et de goût. **L'essentiel**, c'est que chaque artiste en arrive à créer **son propre style**, et que celui-ci soit parfaitement adapté à ce qu'il veut exprimer.

Du graphisme pur au dessin hyper-réaliste, nous allons voir qu'à cet égard le dessinateur ne manque pas de possibilités...

Le crayonné ...

... et la bande terminée par Will pour ''TIF ET TONDU'' © *Dupuis*

161

13. LES GRANDS STYLES DE DESSIN DANS LA BANDE DESSINÉE

LE TRAIT PUR

Le graphisme pur, sans aucun modelé ni à plat noir important, est le style de dessin qu'on rencontre le plus souvent dans la bande dessinée comique, et ce n'est pas sans raison.

L'auteur comique cherche en effet beaucoup moins à recréer une atmosphère (qui serait rendue par des jeux d'ombre et de lumière plus ou moins subtils) qu'à conduire très vite ses lecteurs, de case en case, vers la « chute » de l'histoire (le gag*) qui en constitue souvent l'élément comique essentiel (**fig. 354**). A moins qu'il désire mettre plutôt en valeur le « discours » comique (ou satirique) de ses personnages (**fig. 351, 357**).

Dans un cas comme dans l'autre, il ne faut donc pas détourner l'attention des lecteurs de l'essentiel, par un trop grand nombre de détails pittoresques inutiles. D'où le choix d'un dessin volontairement simplifié (**fig. 354, 355**), allant parfois jusqu'à l'extrême dépouillement : quelques **signes** jetés sur le papier, juste pour **suggérer** l'action. Le décor sera lui-même souvent réduit à

sa plus simple expression, à moins qu'il soit totalement « gommé » (**fig. 356**).

Ainsi, les lecteurs pourront reporter toute leur attention sur ce qui compte le plus dans l'affaire : le développement du gag, ou le discours comique,... sans risquer de passer à côté !

Lorsque leurs œuvres sont destinées à être reproduites en couleurs, certains dessinateurs de bandes dessinées semi-réalistes ou réalistes utilisent aussi la technique du trait pur sans modelé intermédiaire (**fig. 359, 360**). Le dessin est seulement plus précis (un certain réalisme oblige), ce qui n'exclut pas, en certains cas, beaucoup de sensibilité dans le trait (**fig. 362**).

C'est une technique qui laisse évidemment une très large place à la couleur*, sur laquelle on jouera par la suite pour nuancer et détacher les différents plans de l'image, une technique qui ne peut donc s'accommoder qu'à un bon « coloriste »*.

354 Brant/Parker « WIZARD OF ID »
© Publishers hall Syndicate/Graph-Lit.

355 C.M. Schulz « PEANUTS »
© United feature Syndicate/U.P.I.

356 Reiser © Pilote Ed. Dargaud

357 Bretécher « LES FRUSTRÉS »

QU'EST-CE QUE ÇA VEUT DIRE, PAPA: "LE MONDE APPARTIENT AUX AUDACIEUX".

ÇA VEUT DIRE QU'IL APPARTIENT À CEUX QUI ONT DE L'AMBITION ET DU COURAGE!

FICHTRE! ÊTRE PROPRIÉTAIRE DU MONDE...

TOI, TU N'ES QUE LOCATAIRE, PAS VRAI?

Quino « **MAFALDA** » © Ed. J. Glénat

359

Bod de Moor « **BARELLI** » © Ed. du Lombard

361

VOUS NE POURREZ PLUS DIRE QUE JE ME COMPORTE EN SALAUD.

360

PAN

WIZZZ

CLAC

!

Hergé «**TINTIN**» © Casterman

BON D'ACCORD, SI VOUS ÊTES MALADE, JE VOUS RELACHE.

GOT/Pétillon «**LE BARON NOIR**»

362

Ouf... je ne suis plus suivi...

Bourgeon « **LES PASSAGERS DU VENT** » © Ed. J. Glénat

LE DESSIN AU TRAIT
AVEC A-PLATS NOIRS

Ici, la technique se complique un peu. Le dessin au trait reste prédominant, mais il s'accompagne d'à plats noirs plus importants, sans demi-teintes intermédiaires (**fig. 363, 364**). On joue essentiellement sur des compositions de noirs et de blancs pour mettre le sujet en valeur.

C'est un genre qui ne manque pas de charme, car il possède à la fois la spontanéité qui caractérise souvent le dessin au trait pur* (ce qui lui donnera quelquefois l'allure d'un reportage graphique assez librement interprété), se combinant avec de grands à plats noirs qui ont au contraire toujours pour effet de « dramatiser » plus ou moins l'image. En somme, un original compromis entre deux extrêmes, sur lesquels on pourra jouer à loisir, tantôt dans le sens de l'apaisement (le trait pur), tantôt dans celui de la dramatisation du récit (les à-plats noirs) (**fig. 363, 364**).

Ce style présente cependant deux inconvénients, lorsque le dessin est destiné à être reproduit seulement en noir et blanc :

D'abord, parce qu'on joue exclusivement sur des oppositions de noirs et de blancs, on se prive inévitablement de la possibilité de recréer certaines **ambiances intermédiaires** que le sujet pourrait commander (celle-ci ne pouvant être rendues en effet que par des **demi-teintes intermédiaires**) (comparez avec la **fig. 171**).

Ensuite, **lorsque les oppositions des noirs et des blancs ne sont pas soigneusement dosées**, ou lorsqu'elles ne sont pas tempérées par un apport de couleur ou, éventuellement, un trame*, ce genre de dessin présente l'inconvénient d'être parfois un peu dur, agressif et finalement, fatiguant pour l'œil. A moins de vouloir punir les lecteurs, il faudra donc savoir doser, savamment doser les à plats noirs !

363

Comès « SILENCE » © Casterman

364

UN COUP DE FEU !... MAIS QU'EST-CE QUI SE PASSE SUR LA CANONNIÈRE ?...

JE NE COMPRENDS PAS... MAIS LE COUP DE FEU VENAIT DE LA RIVE.

LÀ, SUR L'ARBRE !

ALORS "GRINGO", QU'EST-CE QUI T'ARRIVE ? TU NE COMPRENDS PAS ?

SI, JE COMPRENDS, MAIS JE VEUX PARLER AVEC VOTRE CHEF !

LEUR CHEF ?

...VOUS NE SAVEZ PAS QU'ILS N'ONT PLUS DE CHEF ? NOUS LES AVONS TUÉS IL Y A DEUX MOIS, LUI ET SON FILS...

BANG !

H. Pratt « SOUS LE SIGNE DU CAPRICORNE » © Ed. Casterman

LE DESSIN RÉALISTE

Ici, la technique s'apparente plus ou moins à la technique picturale : le trait pur, quoique toujours existant en certaines parties de l'image, a tendance à se fondre au milieu d'à-plats noirs plus importants et plus nombreux, traités parfois en petites touches « peintes ». On cherche par-là à donner du **relief** à l'image et à créer une ambiance plus ou moins **réaliste** (**fig. 365**).

Par les **éclairages** contrastés sinon violents qu'elle permet, cette technique convient donc tout particulièrement à des sujets (ou scènes) où l'on cherche à recréer une forte ambiance dramatique : sujets policiers, mystère, roman noir, fan-

tastique, etc. (**fig. 367, 369**).

Néanmoins, il est rare qu'une série soit traitée d'un bout à l'autre dans le même style. Un bon dessinateur saura toujours **varier ses effets** et, lorsque le sujet le lui imposera, il saura passer en souplesse d'une séquence d'ambiance « expressionniste » (scène de nuit, etc.), traitée picturalement, à une autre séquence où l'on verra le graphisme pur reprendre plus ou moins le dessus (comparez les **figures 365 et 156**, extraites de la même série).

(Voir aussi d'autres exemples du style de dessin réaliste, **fig. 332, 336, 337, 343, 344, etc.**).

Gillon « **LES NAUFRAGES DU TEMPS** » © Humanoïdes associés

Gir/Charlier « **Lt. BLUEBERRY** » © Ed. Dargaud

J. Prentice « **RIP KIRBY** »
© K.F.S./Opera-mundi

368

V. de la Fuente « HAGGARTH » © Casterman

369

BON, JE VOUS PROPOSE D'ALLER
BOIRE UN POT ENSEMBLE...
PILAR A BESOIN DE SE
DÉTENDRE UN PEU...
QU'EN PENSEZ-VOUS?

Mora/Garcia « CHRONIQUES DE L'INNOMÉ » © Ed. Dargaud

LE DESSIN MODELÉ AU TRAIT

C'est un style tout en nuances, qui s'apparente plus à l'art de la gravure qu'à la technique picturale.

Ici, les grandes surfaces en à plats noirs disparaissent à peu près complètement au profit d'une large gamme de **demi-teintes**, allant du noir profond au gris le plus subtil (**fig. 370, 371**).

Ces demi-teintes, obtenues par un jeu de tailles parallèles ou croisées plus ou moins rapprochées (**fig. 372**) ou, plus subtilement encore, par un jeu de pointillés (**fig. 373**), couvriront parfois toute la surface de l'image (**fig. 374**), d'autres fois une partie seulement de celle-ci (pour donner par exemple plus de relief à un visage, ou à certaines parties du décor) (**fig. 372**).

Cette technique, qui permet d'obtenir des ombres délicates, des transparences d'une étonnante luminosité (**fig. 373, 376**) et des effets de lumière ou de contre-jours d'une grande subtilité (**fig. 375**), est donc particulièrement adaptée à tous les sujets réalistes, et plus particulièrement à ceux où l'on cherche à recréer une **atmosphère douce, plus ou moins irréelle ou impressionniste** : récits ou scènes d'atmosphère (**fig. 370**), sujets fantastiques, oniriques, etc., en opposition avec le style pictural, vu précédemment, qui est quant à lui plus franchement expressionniste (**fig. 368, 369**).

Naturellement, il arrive que les deux styles coexistent dans une même bande dessinée. Par exemple, de grands à plats noirs expressionnistes dans certaines parties de l'image et un léger « modelé » en d'autres parties donneront souvent beaucoup de relief à l'ensemble. Ou bien encore, on verra certaines scènes ou séquences tout entières traitées dans le style expressionniste (scènes de nuit, etc.), alors que d'autres scènes seront traitées plus « en douceur » selon la technique du modelé.

370

CAROGNE! VOLEUSE!

BAH! LE SUIVANT SERA LE BON!... UN DE PERDU ...

Servais/Dewamme « TENDRE VIOLETTE » © Casterman

371

Auclair/Deschamp « BRANRUZ »
© Casterman

372

DOMMAGE, QUE POUR ÉCHAPPER À VOTRE AMI RETORS VOUS SOYEZ RETOMBÉ ENTRE NOS MAINS ...

À BORD DE NOTRE VAISSEAU MÈRE, LE "MANÈS"

Bilal « EXTERMINATEUR 17 » © Humanoïdes associés

...C'est donc cela qu'on appelle : la télévision...

373

Caza © Humanoïdes associés

169

Moebius « LA DÉVIATION » © Humanoïdes associés

375

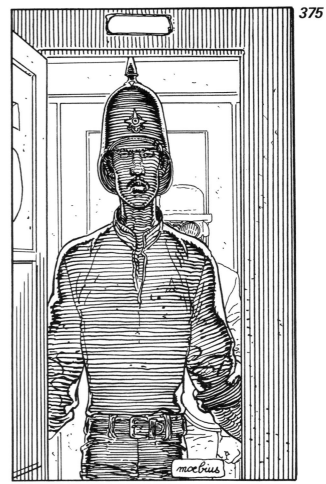

Moebius « LE GARAGE HERMÉTIQUE » © Humanoïdes associés

Moebius « LE GARAGE HERMÉTIQUE » © Humanoïdes associés

376

LE TRAIT TRAMÉ

Seulement utilisé lorsque le dessin est destiné à être reproduit en **noir et blanc**, ce procédé consiste à combiner une « trame » pointillée plus ou moins foncée à un dessin au trait. On obtient ainsi **une nuance intermédiaire** (on dit un « grisé ») entre le noir et le blanc, qui donnera un peu de relief à l'image et tempérera quelquefois la dureté qui caractérise certains dessins réalisés au trait avec de grands à plats noirs (**fig. 377/378**).

En pratique, le dessinateur se contentera d'indiquer sur son dessin les zones qu'il désire voir apparaître en grisé à la reproduction, par un léger lavis de couleur bleue (ou un frottis de crayon bleu). La trame sera ensuite mécaniquement reportée sur le cliché d'impression, selon les indications du dessinateur, sans que celui-ci ait à s'en occuper (1).

Ce procédé un peu expéditif, avec lequel on ne peut obtenir qu'une seule nuance intermédiaire en à plat, est aujourd'hui presque exclusivement réservé à la presse populaire (grands quotidiens, etc.) qui doit se satisfaire de procédés ne présentant pas trop de problèmes de reproduction.

Le dessinateur qui recherche des effets de trame plus sophistiqués et plus personnels, adoptera donc de préférence la technique suivante…

---

(1) On sait que les films photographiques sont insensibles au bleu. S'il n'est pas trop foncé, le lavis déposé sur le dessin original ne nuira donc pas à la bonne reproduction de celui-ci.

377

378

J. Prentice « RIP KIRBY » © K.F.S./Opera-mundi

A. Raymond « FLASH GORDON » © K.F.S./Opera Mundi

LES TRAMES A REPORTER

L'arrivée relativement récente sur le marché des arts graphiques de « trames à reporter » auto-adhésives de textures variées : pointillés, en différentes nuances, traits parallèles ou croisés, dégradés, etc., donne maintenant aux dessinateurs l'intéressante possibilité de tramer eux-mêmes leurs dessins en demi-teintes, par report direct de la trame sur le dessin original au trait (1).

Parfois les trames seront seulement utilisées par endroits sur le dessin, pour produire certains effets spéciaux : effets de nuit, de pénombre, de brouillard, etc., mais on trouve aussi certaines séries qui sont tramées d'un bout à l'autre selon ce procédé (**fig. 382**). Le dessinateur utilisera alors des trames de différentes textures pour marquer les différents plans de l'image (les trames les plus claires étant en principe utilisées dans les arrière-plans), ou encore pour créer à volonté certaines atmosphères. Voyez, par exemple, le subtil effet de brume lointaine enveloppant les architectures à l'arrière-plan de l'image, obtenu ici avec une trame découpée aux formes du décor (**fig. 379**) !

Ce procédé, qui donne des demi-teintes inévitablement un peu plates, appelle en outre deux remarques importantes :

1) **Il ne faut jamais tramer une planche qui est destinée à être reproduite en couleurs** : la trame noire se trouverait superposée à la trame-couleur, ce qui aurait pour résultat de produire presque à coup sûr un effet désastreux de « moirage » (on parle de moirage lorsque deux trames superposées se trouvent mal orientées l'une par rapport à l'autre. Il en résulte le plus souvent une nouvelle trame d'une texture tout à fait imprévue, très désagréable à l'œil).

2) Il faudra aussi avoir toujours en mémoire la réduction que doit subir le dessin original, **et avec lui la trame**, au moment de la reproduction. On évitera ainsi que la trame ne vienne trop claire ou au contraire qu'elle se bouche au moment de l'impression. Lorsque les pointillés d'une trame se trouvent en effet trop rapprochés, l'encre d'imprimerie peut se répandre dans leurs interstices : au lieu d'une demi-teinte, on verra venir, à l'impression, une espèce d'à-plat irrégulièrement noir, du plus désastreux effet.

---

(1) On trouvera le mode d'emploi précis de ces trames dans les catalogues que distribuent leurs producteurs : Letraset, Mécanorma, etc., chez tous les spécialistes des arts graphiques.

379

LE JOUR S'EST LEVÉ DEPUIS QUELQUES HEURES SUR ISTANBOUL... UN TRAFIC INCESSANT DE VÉHICULES FAIT VIBRER LE *PONT GALATA* DÉJÀ ENCOMBRÉ DEPUIS L'AUBE DE LA FOULE DES CIREURS ET DES MARCHANDS DE TOUTES SORTES... LA VOITURE NOIRE DE LA VEILLE LONGE LENTEMENT LE TROTTOIR,...

D. Ceppi « A L'EST DE KARAKULAK » © Humanoïdes associés

4 trames utilisées

2 trames utilisées   1 trame en dégradé

Hugues « LE GRAND CHIEN » © Ed. J. Glénat

Bonvi « APRÈS LA BOMBE » © Ed. J. Glénat

382

D. Ceppi « A L'EST DE KARAKULAK » © Humanoïdes associés

LE LAVIS

Voilà un autre moyen de présenter un dessin en demi-teintes, lorsque celui-ci est destiné à être reproduit en noir et blanc.

Le lavis, — qui consiste à délayer de l'encre de chine dans de l'eau, en quantité variable selon la teinte qui doit être obtenue —, sera étendu sur le dessin original, soit en touches de différente intensité, soit en « jus » étalé en dégradé lorsqu'on désirera donner un certain modelé au dessin **(fig. 383/383 bis)**

Ce procédé se caractérise cependant par un rendu souvent assez **froid** (parce que le blanc du papier, qui donne en principe **chaleur** et **luminosité** au dessin, disparaît presque totalement sous le lavis). C'est un procédé qui supporte donc mal la comparaison avec la technique du dessin modelé au trait*, vue précédemment, laquelle permet d'obtenir des demi-teintes d'une incomparable luminosité (car le blanc du papier « joue » toujours entre les traits du dessin. Comparez, par exemple, les figures **383** et **375**).

Au demeurant, le lavis est assez peu utilisé dans la bande dessinée. Si l'on veut malgré tout y faire appel, il sera prudent de réserver en blanc certaines parties du dessin (par exemple, en ne traitant au lavis que certaines parties du dessin, ou les avant-plans seulement, etc.)...

383/2

L.E. Garcia «l'ASILE AUX SORTILÈGES» © Glenat

LE STYLE HYPER-RÉALISTE

Ici, tout à l'opposé du dessin au trait pur, on cherche un rendu quasi-photographique de la réalité. Le trait pur disparaît à peu près complètement au profit d'un modelé qui se veut aussi réaliste que possible, l'artiste travaillant d'ailleurs très souvent à partir d'un jeu de photographies (**fig. 384**).

Quoique peu souvent utilisé dans la bande dessinée, en raison notamment de sa difficulté d'exécution, ce procédé n'en reste pas moins idéalement adapté à tous les sujets où l'on cherche à recréer une **forte ambiance dramatique** : récits policiers, romans noirs, récits d'atmosphère, etc.

En pratique, le modelé de l'image sera obtenu par la technique du lavis* ou mieux, par la projection d'encre de chine à **l'aérographe** (appareil permettant de vaporiser de l'encre de chine en gouttelettes plus ou moins fines et plus ou moins rapprochées selon la teinte ou la nuance qu'on désire obtenir). Ce dernier procédé, difficile, permet cependant d'obtenir des dégradés et des demi-teintes variées plus chaudes et lumineuses que le permet le lavis (le blanc du papier, quoique à peine visible à l'œil nu, n'en reste pas moins toujours présent entre les gouttelettes d'encre, ce qui suffit à « réchauffer » l'image toute entière).

Du trait le plus dépouillé au dessin hyperréaliste, nous venons de voir qu'un dessinateur de bandes dessinées ne manque pas de moyens graphiques pour traduire idéalement ses idées. Cependant, il lui reste encore un moyen d'expression, — et non des moindres —, auquel nous devons accorder maintenant toute notre attention...

384

J.C. Claeys « **MAGNUM SONG** » © Casterman

Voir aussi le style hyperréaliste en couleurs, chapitre suivant.

14. LA COULEUR

Autrefois, simple coloriage des différentes parties de l'image, en à plats de teintes primaires souvent violentes, juxtaposées sans grand souci esthétique, la couleur n'était considérée que comme un simple élément d'appoint, plus décoratif qu'expressif, auquel l'auteur n'accordait d'ailleurs qu'une lointaine attention.

Aujourd'hui, fort heureusement, les choses ont bien changé ! De plus en plus fréquemment, la couleur est considérée comme un **moyen d'expression** à part entière, susceptible de créer ou de renforcer l'ambiance générale du récit, auquel il faut par conséquent apporter un soin attentif :

La gamme des couleurs sera plus étendue, plus nuancée, plus subtile (**fig. 385**). Le choix des couleurs se fera, non plus dans un but décoratif ou simplement esthétique, mais en tenant compte de **l'effet psychologique** que les différentes associations de couleurs ou de tons produiront sur les lecteurs. Ainsi :

— Une harmonie de bruns et de bleus foncés, relevée de quelques touches claires, créera toujours une **atmosphère de drame** (**fig. 390**).

— Mais une **atmosphère de mystère** sera mieux rendue par une harmonie de bleus foncés et de verts (**fig. 389**).

— Alors que des bruns et des ocres suggéreront plutôt une **atmosphère lourde de menace** (orage, chaleur, etc.),

— De leur côté, rouge et orangé (la couleur du feu) suggéreront la **violence**, la **passion**, etc. (**fig. 388**),

— Tandis qu'un doux camaïeu (1) de verts sera naturellement apaisant, et qu'une harmonie de bleus et de roses (voir la période « rose » de Picasso) créera naturellement un **climat plus ou moins sentimental**, etc.

En pratique, la mise en couleurs se fera un peu différemment selon que le dessinateur assure personnellement ce travail ou que celui-ci est confié à un « coloriste » spécialisé, travaillant à l'imprimerie ou au journal...

LA MISE EN COULEUR PAR LE COLORISTE

Lorsque la mise en couleurs doit être confiée à un coloriste spécialisé (c'est encore le cas le plus fréquent), le travail du dessinateur se résumera à peu de choses : celui-ci placera sur son dessin original au trait une feuille de fort papier calque ou mieux, une feuille d'acétate transparente, genre « Kodatrace » (qui a l'avantage d'être plus épaisse, plus stable et plus solide que le calque), côté mat en-dessous.

Ce « film » sera fixé par quelques morceaux de ruban adhésif afin qu'il ne se déplace pas durant la mise en couleurs.

Au moyen de crayons de couleurs, le dessinateur n'aura plus qu'à indiquer minutieusement sur le calque les couleurs qu'il désire voir venir à la reproduction. C'est tout.

Le coloriste se chargera plus tard de la mise en couleurs définitive de planche, à la gouache ou à l'aquarelle, d'après les indications de couleurs que le dessinateur a portées sur le calque.

Il arrive cependant que le coloriste interprète assez librement les indications du dessinateur, de sorte que celui-ci se jugera quelquefois « trahi par la couleur » lorsque son œuvre sera publiée. C'est la raison pour laquelle les dessinateurs se trouvent chaque jour plus nombreux à vouloir assurer personnellement la mise en couleur de leurs œuvres...

LA MISE EN COULEURS PAR L'ARTISTE

Dans ce cas, le dessinateur fera le travail qui était précédemment confié au coloriste : ses planches, livrées à l'éditeur sans aucune indication de couleurs, prendront d'abord le chemin de l'atelier de photogravure où l'on en tirera un positif photographique (ou « film ») **réduit aux dimensions de publication**.

Puis, à partir de ce « film », on tirera quelques épreuves du dessin au trait, imprimé en léger **bleu** sur papier blanc.

Ces épreuves ou « bleus » (tel est le nom qu'on leur donne dans l'argot de la profession) seront alors retournées au dessinateur, et c'est sur celles-ci qu'il exécutera la mise en couleurs de son œuvre, à la gouache, à l'aquarelle ou au moyen d'encres de couleurs, en se basant sur le dessin qui apparaît en léger bleu sur l'épreuve (mais qui disparaîtra bientôt sous la couleur).

De temps en temps, il pourra en outre contrôler le « rendu » de son œuvre, en plaçant sur l'œuvre peinte le « film » transparent sur lequel se trouve reproduit l'original au trait (également réduit aux dimensions de publication) qui lui aura été remis en même temps que les « bleus »

La mise en couleur définitive par l'artiste est donc un travail minutieux qui demande beaucoup de soin et de patience. Car il ne s'agit plus de simples indications de couleurs mais d'un état définitif qui retournera à l'atelier de photogravure pour y être à son tour cliché en vue de l'impression.

On voit quels avantages un artiste un peu soucieux de son œuvre pourra toujours tirer de cette façon de procéder : des harmonies de couleurs subtiles, répondant exactement à ce qu'il veut exprimer, des effets picturaux beaucoup plus personnels : dégradés, fondus, éclairages, etc. (**fig. 385**).

Bref, une occasion unique pour le dessinateur de finir son œuvre « en beauté ».

---

(1) Camaïeu : genre de peinture dans lequel on n'emploie que les tons d'une même couleur, du plus clair au plus foncé.

Le 28 Décembre, de toute cette violence, seule subsiste une forte houle...

Dans la nuit du 31, Noirmoutier est en vue. La marchandise de contrebande est débarquée en un point secret de l'île. Et le 1er Janvier 1781...

Il n'y a jamais la neige, en France?

A Noirmoutier elle est rare.

Quelques heures plus tard...

Bonne route, Messeigneurs! Et... n'hésitez pas à faire appel à mes services! Per-Erwan vous salue!

Bourgeon «LES PASSAGERS DU VENT» © Glénat

Hachélème blues

Carza «SCÈNES DE LA VIE DE BANLIEUE» © Dargaud

F. Royet « **VOYAGE AU BOUT DE LA VILLE** » © Glénat

J.C. Mézières «BAROUDEURS DE L'ESPACE» © Humanoïdes associés

LA NUIT EST REVENUE...GRAINDE-LAUBE DORT À NOUVEAU. ET...

MAINTENANT, PLUS UN MOT! TU ME SUIS C'EST TOUT!

OUI, ÇA VA, FONCE!

MERDE! C'EST PAS VRAI!

R. Durand/P. Sanahujas «LES DIRIGEABLES DE L'AMAZONE» © Glénat

W. Vance « BRUCE J. HAWKER » © Tintin

D. Lawrence «STORM» © Glénat

LA COULEUR HYPERREALISTE

V. Segrelles «LE MERCENAIRE» © Glénat

...ELLE S'APPELLE THÉLÉÉRAZADE, ELLE A ÉCRIT PLUS DE MILLE CONTES... ELLE ME LES A RACONTÉS... SANS INTÉRÊT! AUCUN NE DIT COMMENT ON PEUT DEVENIR CALIFE À LA PLACE DU CALIFE!

HÈ! MOI J'AIME ÇA, LES CONTES!

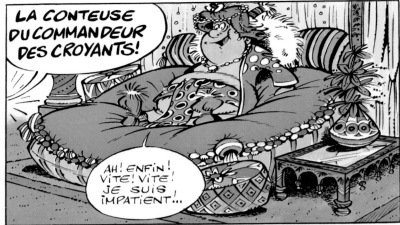

LA CONTEUSE DU COMMANDEUR DES CROYANTS!

AH! ENFIN! VITE! VITE! JE SUIS IMPATIENT!...

OÙ EN ÉTIONS-NOUS RESTÉS, MON PETIT?

À LA PREMIÈRE LIGNE DE LA PREMIÈRE PAGE DU PREMIER CONTE.

PARFAIT. VAS-Y, JE T'ÉCOUTE.

IL ÉTAIT UNE FOIS...

ROOOOOOO BZZZZZZ

CHÛÛÛT!... TERMINÉ! VOUS ALLEZ LE RÉVEILLER!

ZUT! ZUT ET ZUT! ÇA FAIT DEUX MOIS QU'IL ME FAIT LE COUP!

COMMENT PEUT-ON S'ENDORMIR EN PRÉSENCE D'UNE FILLE PAREILLE?

PLAF!

COMME ÇA.

PSSST! PSSST!...

?

④

Tabary «L'ENFANCE D'IZNOGOUD» © Glénat

Godard «NORBERT ET KARI» © Glénat

Lauzier «ZIZI ET PETER PANPAN» © Glénat

EN GUISE
DE CONCLUSION

Voici exposés un à un tous les moyens d'expression de la bande dessinée. Reste à savoir comment maintenant ceux-ci seront-ils utilisés ? Bande dessinée traditionnelle ou « nouvelle » bande dessinée ? Pour adolescents ou pour adultes ? Chaque genre a ses partisans, ses défenseurs, son public. Chaque genre a aussi ses chefs-d'œuvre. Il n'est donc pas question pour nous de prendre parti ici dans ce qui n'est, au fond, qu'un faux débat. En réalité, les moyens d'expression de la bande dessinée **appartiennent aux deux genres** : il n'existe pas deux façons de choisir ses plans ou de les enchaîner, une qui serait traditionnelle et l'autre qui serait « adulte », car il n'existe pas deux façons de **communiquer en images** avec autrui. Lorsqu'il s'agit d'exprimer la même chose, A. Hitchcock, Fellini ou Ingmar Bergman ne choisissent pas leurs plans différemment (s'il y a plus de gros plans dans les œuvres de ce dernier, c'est seulement parce que l'intensité psychologique de ses films est généralement plus forte). Ce qui différencie ces trois metteurs en scène de grand talent, ce n'est donc pas la technique, c'est **le contenu** de leurs plans et leur arrangement.

Bien fou serait donc le créateur de bandes dessinées qui s'imaginerait pouvoir s'affranchir des techniques de la bande dessinée, oubliant qu'il existe bel et bien un **langage des images** auquel nul n'échappe sans dommage : la chute risquerait d'être dure, le public bien maigre. Et, quoi qu'on en dise, c'est toujours lui qui a finalement raison, quitte à contredire ses « maîtres à penser » du moment. Trop souvent, le reproche selon lequel le public s'abîmerait dans la facilité provient d'ailleurs d'auteurs médiocres qui refusent de voir où sont les causes réelles de leur insuccès.

Par bonheur, il restera toujours à nos auteurs de bande dessinée à **inventer l'essentiel : le contenu de leurs plans**. Aventures fabuleuses ou grandes idées généreuses, humour cristallin ou satire grinçante, un univers s'ouvre à eux... à la mesure de leur **inspiration**. Mais cela, que nul ne leur disputera jamais, nul ne leur enseignera non plus...

TABLE DE MATIÈRES

ART ET TECHNIQUE

En sortant d'un cinéma, les spectateurs se prennent pour Rambo ou Scarlett. B.D. et cinéma étant cousins, certains d'entre vous auront envie d'en découdre avec une planche à dessin. Voici des livres abondamment illustrés et en plus le manuel est dans l'emballage !

L'ART DE LA B.D.
DUC

Les auteurs illustres en ont bavé longtemps, mais Duc vous présente leurs réussites avec notice explicative et étude comparée. Une mine de recettes et d'exemples, accompagnés d'un texte qui vous soutiendra dans les longues heures de labeur.

0252 T.1 : L'art de la B.D. : Du scénario à la réalisation.
0390 T.2 : L'art de la B.D. : La technique du dessin.

LE DECOR PEINT EN TROMPE-L'ŒIL
GUEGAN . LE PUIL

Réalisé par des enseignants de l'Institut supérieur de peintures décoratives de Paris, le "Décor peint" livre les secrets des techniques d'imitation du marbre, bois, pierres et autres trompe-l'œil.

0974 : Le décor peint en trompe-l'œil.

Album cartonné sous jaquette 25,3x35,2 cm 160 pages couleurs.

L'ETAT DES LIEUX
GRANGER

L'humour n'est pas seulement un divertissement, c'est aussi une forme d'expression très forte, surtout lorsque chaque dessin est une toile de maître et que la signature est celle de Granger.

0594 : L'état des lieux.

Album cartonné sous jaquette 24x32 cm 64 pages couleurs.

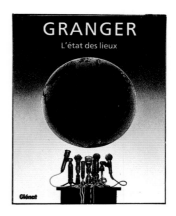

DICTIONNAIRE THEMATIQUE DES HEROS DE LA B.D.
FILIPPINI

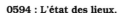

Dictionnaire thématique des héros de la bande dessinée en 6 volumes : 330 héros, 300 biographies.

1479 T.1 : Histoire et western. A paraître : 1447 T.2 : Mystère et érotisme. 1448 T.3 : Enfants de la BD et quotidien. 1449 T.4 : Humour et animalier. 1450 T.5 : Fantastique et super-héros. 1451 T.6 : Aventure et one shot.

Album cartonné. Ft 19x27 cm en couleurs. Abondamment illustré.

BOB MORANE ET HENRI VERNES
DIEU

Bob Morane et Henri Vernes ont, depuis plus de 35 ans, entraîné des milliers de lecteurs dans de grandes aventures. Les voici évoquées dans ce livre où les souvenirs de l'auteur se mêlent aux récits et aux personnages qui font du héros un mythe.

(0400) 0013 : Bob Morane et Henri Vernes.
Album cartonné sous jaquette. Ft 24x27 cm 160 pages noir et blanc et couleurs.

Impression et reliure : Pollina s.a., 85400 Luçon - n° 71447
Dépôt légal : janvier 1997